"幼儿园音乐教育"教师指导系列丛书

打击乐
教育活动

王秀萍 葛玉芳 编著

苏州大学出版社
Soochow University Press

图书在版编目(CIP)数据

打击乐教育活动 / 王秀萍,葛玉芳编著. -- 苏州:
苏州大学出版社,2015.4
　(幼儿园音乐教育教师指导系列丛书)
　ISBN 978-7-5672-1268-8

　Ⅰ.①打… Ⅱ.①王… ②葛… Ⅲ.①击乐器—奏法
—学前教育—教学参考资料 Ⅳ.① G613.5

中国版本图书馆 CIP 数据核字(2015)第 072694 号

书　　名	打击乐教育活动
编 著 者	王秀萍　葛玉芳
责任编辑	洪少华
装帧设计	吴　钰
出 版 人	张建初
出版发行	苏州大学出版社(Soochow University Press)
社　　址	苏州市十梓街 1 号　邮编：215006
印　　刷	苏州工业园区美柯乐制版印务有限责任公司
邮购热线	0512-67480030
销售热线	0512-65225020
开　　本	787mm×1092mm　1/16　印张：7.75　字数：150 千
版　　次	2015 年 4 月第 1 版
印　　次	2015 年 4 月第 1 次印刷
书　　号	ISBN 978-7-5672-1268-8
定　　价	24.00 元(附 CD)

凡购本社图书发现印装错误，请与本社联系调换。
服务热线：0512-65225020

目 录

第一部分　导　　言 ……………………………………………………… 1
　一、音乐作品的幼儿化转换原理 …………………………………… 1
　二、教学过程由生活经验走向音乐经验的经验组织原理 ………… 5
　三、遵循由感受到表现的艺术心理过程的教学环节组织原理 …… 7
　四、"探究、操作、游戏"是幼儿学习方式的教学原则 …………… 11
　五、在互动中实现幼儿主动学习的教学原则 ……………………… 12

第二部分　幼儿园打击乐教育活动的设计与组织 …………………… 15
　一、打击乐教育活动的设计 ………………………………………… 15
　二、打击乐教育活动的组织 ………………………………………… 23

第三部分　幼儿园打击乐教育活动设计实例 ………………………… 25
　一、小班打击乐教育活动设计实例 ………………………………… 25
　　活动一　蛤蟆鼓 ………………………………………………… 25
　　活动二　大狼喝甜粥 …………………………………………… 27
　　活动三　大雨小雨 ……………………………………………… 30
　　活动四　这是小兵 ……………………………………………… 32
　　活动五　葡萄乐进行曲 ………………………………………… 34
　　活动六　孤独的牧羊人 ………………………………………… 36
　　活动七　春 ……………………………………………………… 38
　　活动八　孙悟空救人 …………………………………………… 42
　　活动九　洗衣服 ………………………………………………… 48
　二、中班打击乐教育活动设计实例 ………………………………… 51
　　活动一　大马告诉我 …………………………………………… 51
　　活动二　加油干 ………………………………………………… 54

活动三　大花猫和小老鼠 …………………………………… 56
　　活动四　荷包蛋 …………………………………………… 58
　　活动五　五月五 …………………………………………… 62
　　活动六　胡桃夹子进行曲 ………………………………… 65
　　活动七　丰收的喜悦 ……………………………………… 68
　　活动八　钟表魔法城 ……………………………………… 72
三、大班打击乐教育活动设计实例 ……………………………… 76
　　活动一　小象与蚊子 ……………………………………… 76
　　活动二　声音探究 ………………………………………… 82
　　活动三　土耳其进行曲 …………………………………… 84
　　活动四　赛马 ……………………………………………… 89
　　活动五　金蛇狂舞 ………………………………………… 96
　　活动六　玛丽波尔卡 ……………………………………… 102
　　活动七　大公鸡与毛毛虫 ………………………………… 108
　　活动八　嘻哈农场 ………………………………………… 112
　　活动九　老鼠娶亲 ………………………………………… 115

附　录：
　　CD目录 …………………………………………………… 120

第一部分 导 言

在"幼儿园音乐教育"教师指导系列丛书中的所有教育活动方案都是在教育教学原理或原则指导下进行设计与实施的，了解这些教育教学原理或原则有助于更好地理解与实施丛书中的音乐教育活动方案。与本丛书直接相关的教育教学原理或原则为：

1. 音乐作品的幼儿化转换原理。
2. 教学过程由生活经验走向音乐经验的经验组织原理。
3. 遵循由感受到表现的艺术心理过程的教学环节组织原理。
4. "探究、操作、游戏"是幼儿学习方式的教学原则。
5. 在互动中实现幼儿主动学习的教学原则。

一、音乐作品的幼儿化转换原理

音乐作品中包含了我们要给孩子的音乐知识，但是，用听觉接收的音响性的音乐作品不在幼儿的生活经验范围内，不被幼儿接受，教师需要把这种听的音乐转换成为幼儿能看的音乐。

$$听的音乐 \xrightarrow{转换} 看的音乐$$

（一）音乐作品幼儿化转换的思路

1. 为抽象的音乐符号寻找具象的参照物。

艺术符号的抽象程度是由其参照特性决定的，参照性越强的艺术符号越容易被理解。所有艺术符号种类中，音乐最抽象，因为通过音响所呈现的音乐符号很难在现实世界中找到参照物。一岁左右的儿童开始熟练地说出大量的名词，这些名词对他们来说一点也不抽象，因为有鲜活的参照物，即名词所表达的意义都是日常生活中的物、人、事。对一岁左右的儿童而言，小狗、小猫、娃娃这些语言符号不是符号，而是真实的与他们玩耍的小狗、小猫、娃娃，孩子因为喜欢小狗、小猫、娃娃等这些参照物而学会了代表这些参照物的符号。同为绘画作品，写实主义作品最容易为人接受，而抽象画最令人头疼。例如，一张美女图这种写实作品，人们因为具有鉴别美女的生活经验而很容易看懂它。当人们接受这张美女图并愿意花时间欣赏时，就可以进入线、形、色彩、光线等美术符号的学习，学习过程变得容易、愉悦。抽象画直接进入美术符号，令普通人不喜欢的原因就在于缺少参照物这一中介。音乐比直接出现美术符号的抽象画还要抽象，幼儿很难直接喜欢。想让幼儿喜欢音乐就得让音乐具有参照物。所以，音乐作品幼儿化转换的第一条思路就是要为抽象的音乐符号寻找具象的参照物。

2. 音乐参照物的特性。

（1）音乐参照物的根本特性。

无论是语音符号还是写实画中的美术符号，它们与参照物之间的关系都是一一对应关系，例如 Xiao Gou，Xiao Mao，Xiao Bai Tu 这些语音符号对应的参照物是鲜活的小狗、小猫、小白兔，美女画、水果画对应的参照物是美女、水果。这种一一对应关系，导致符号与参照物之间具有确定性或唯一性关系。音乐作品中除出现明确的鸟叫声、雷鸣声等音效外，一般而言，音乐符号是没有明确参照物的，参照物是我们刻意挖掘出来的。音乐符号与参照物之间连确定性都没有，更别提唯一性了，对同一个音乐作品，不同的欣赏者可以挖掘出不同的参照物。另外，由于音乐是时间艺术，再短的音乐作品也有几十秒钟时间，音乐符号的时间流动性决定了它所具有的参照物不是静态的一个人或物，而是由多个人或物构成的事件。因此，音乐参照物的根本特性是事件性。

（2）事件性参照物的构成。

一个事件必然由人、物、情节等元素构成的，所以，音乐参照物的第一构成元素是具有人物角色或情节发展的故事。

音乐符号以音响的方式呈现的，它需要我们用耳朵去听。这要求与音乐符号同时出现的参照物形式是无声的，而有声的语言描述的故事只能在音乐音响之前或之后出现。而且，音乐符号的时间性是按句子、段落这些有序的组织手法有结构地展开的，这些结构的建立又以稳定的拍子为基石。符合留出耳朵听音乐的需要同时又具有时间绵延性的艺术符号也就是舞蹈了。在学前儿童音乐教育领域，我们称之为身体动作表演。所以，音乐参照物的第二构成元素是与音乐符号一样具有时间性的身体动作表演。

综上所述，音乐符号的事件性参照物由故事与身体动作构成的，故事的功能是交代音乐所表达的内容——事件，身体动作的功能是交代音乐符号最主要的形式元素——拍子与句段结构。

（二）音乐作品幼儿化转换的具体方式

音乐作品幼儿化转换的实质是给音乐作品找参照物，而参照物是由故事与身体动作两个基本元素构成的，最好的形式是用身体动作把故事"讲"出来。用身体动作把故事"讲"出来，势必涉及语言、视觉、运动觉等符号，因为故事得先用语言符号讲出来，在用语言符号讲故事时得用直观教具图片、视频等视觉符号辅助，最后在音乐中用身体动作把故事表演下来。这样一个语言、视觉、运动觉三符号都参与的转换方式，是我们追求的。但是，在实际操作过程中，针对每一个音乐作品，并不是所有语言、视觉、运动觉三种符号都能用上的，只是出现其中一种或两种转换符号也是正常的。

（三）音乐作品幼儿化转换的原则

目前，幼儿园所用的音乐作品与小学、中学没什么大的区别，绝大多数都是成人作品。真正为幼儿"订制"的器乐作品很少，优秀的幼儿歌曲也不多。如果把幼儿音乐作品以作曲家专门以幼儿为对象而创作的音乐作品来界定，那么幼儿园音乐教育因极度缺少教育资源而早已终结了。

什么是幼儿音乐作品？幼儿音乐作品是幼儿化转换成功的音乐作品。所以，音乐作品的转换原则是指向转换对象幼儿的。幼儿在音乐学习中的趣味、爱好是什么？幼儿在接触音乐作品时他们的口味指向哪里？这些问题的答案就是我们为幼儿进行音乐作品转换的原则。由于幼儿的音乐学习兴趣是指向故事与身体动作的，所以，音乐作品的转换原则是指向故事性、动作性以及两者的关系。

1. 故事转换不能独立存在。

按审美学说的形式主义流派说法，音乐是绝对没有内容性的，音乐的内容即形式。按照这种理论学说，除了有音乐天赋的孩子外，普通的孩子就与音乐无缘了。因为只让孩子接触纯形式的音乐作品，或者在让孩子接触音乐作品时不做一些内容性的挖掘，那么孩子们一定会远离音乐活动，远离音乐教师。他们当然还不能够用理由充足的语言来表达他们的不喜欢与抗议，但他们一定会用成人所没有的武器——没有克制力的行为来抗议。不在他们兴趣与能力范围内的任何教学活动，他们会用不理你直接走人或疯狂地吵闹等本能手段来回应你。孩子是有"思想"、有"主见"的。

所以，"音乐即形式"的主张在孩子们面前失去光辉。为了迎合孩子的口味，我们不仅需要寻找有内容性的音乐作品，而且还要让没有内容性的音乐作品变出内容性来。音乐作品中最受幼儿欢迎的内容是故事，如果一个音乐作品"讲"的是一个幼儿生活经验范围内的故事，那么这个音乐作品就"神"了，它是最高级别的音乐作品。对幼儿来说，好音乐作品的标准绝对不是贝多芬、莫扎特，而是有故事、好玩。问题在于不是所有的音乐作品都能挖掘出故事内容的，如果没有故事我们也能退而求其次，寻找音乐作品中的角色形象，例如《野蜂飞舞》抓住蜂的形象，《雏鸡的舞蹈》抓住小鸡的形象，《七步进阶曲》创设一个蚊子的形象，等等。多数音乐作品的内容性是靠我们去挖掘、创设的。

音乐作品幼儿化转换离不开内容或故事，但故事性转换是有规限的，即故事、角色形象等内容的创设是为身体动作的表演服务的。在音乐作品的转换过程中，故事性不能独立存在，它是依附于动作性的。

2. 动作性转换即音乐标准。

对孩子来说，音乐即运动。运动既可以成为音乐作品的参照，也是音乐作品与参照之间的纽带。音乐作品的内容性参照缺乏与音乐作品的直接对应性，而动作性则具备与音乐对接的得天独厚的条件。当幼儿的身体运动与音乐吻合程度加强时，身体运动的音乐性也就被相应地彰显。

音乐作品动作性转换的规限条件是音乐性，指身体给出的所有动作与音乐作品的节拍、节奏型、句子、段落、速度、力度、风格等因素相一致。动作性因其带着音乐性或具有音乐标准，所以在音乐作品的转换过程中可以脱离内容性而独立存在。

3. 音乐作品幼儿化转换形式越丰富幼儿越喜欢。

就故事与动作两种转换形式而言，缺少故事只有动作的转换对幼儿的吸引力不大，缺少动作只有故事的转换因为没有音乐标准而无效。从故事性与动作性的丰富程度而言，情境氛围浓厚、故事情节有趣、道具图片丰富、图谱与动作齐发，这些手段都能极大地激发幼儿的音乐学习兴趣。但是，这些媒介的使用是有规限的：这些媒介的符号都必须准确地翻译着音乐符号。

4. 音乐作品幼儿化转换最后停留在动作上。

假如一个音乐作品的转换既有故事又有身体动作表演，那么故事只是导出层面的转换，最终要幼儿掌握的是在音乐中用身体动作表演这个故事。假如一个音乐作品的转换是用图谱方式，那么不能呈现图谱以后就算一个作品的转换工作结束了，必须由图谱再走向动作。可以让幼儿在音乐中徒手画图谱，这也是一种合乐做动作的方式；还可以让幼儿根据图谱演奏打击乐器。（打击乐演奏是一种带器械的动作）对一个音乐作品的转换而言，虽然说是转换形式越丰富效果越好，但是这是有条件的，即转换方式都是适宜、准确的；当转换方式不适宜、不准确时，结果会走向反面。

二、教学过程由生活经验走向音乐经验的经验组织原理

音乐经验不是"不食人间烟火"的一种神秘的东西，它来自生活经验，是对生活经验的提炼。对幼儿来说，音乐活动的过程就是从生活经验走向音乐经验的过程。

（一）幼儿的核心音乐经验

音乐经验是指对节拍、节奏、音色、速度、力度、旋律、结构、风格等音乐要素做出操作性的反应。核心音乐经验是指在音乐发展过程中必须获得的经验，这些经验在音乐经验系统或结构中起节点和支撑作用，有利于所有音乐经验的建构、迁移以及对音乐知识的深层理解。

幼儿的核心音乐经验可以分为两类三项：

节奏 → 1. 合拍做动作
　　　 → 2. 合音乐结构做动作
旋律 → 3. 有旋律轮廓线地歌唱

幼儿的核心音乐经验主要有节奏经验与旋律经验两类。节奏经验包含两项：合拍做动作、合音乐结构做动作；旋律经验包含一项：有旋律轮廓线地歌唱。

1. 合拍做动作。

合拍能力是音乐能力的基石。合拍的要旨不只是有拍子，而是拍子一如既往地稳定。如果一首歌曲由16拍构成，合拍做动作不是指做了16下动作，而是指这16下动作自始至终能稳定发出。

在教学过程中，引导幼儿合拍不是靠语言指令，而是靠教师准确的示范。单独通过语言很难让幼儿理解合拍，幼儿感受与掌握合拍主要是在大量动作模仿活动中完成的，所以，教师在动作表演中的稳定拍感是幼儿获得拍感的必要条件。音乐感是陶冶出来的，就幼儿园集体音乐教学而言，教师准确示范是对音乐陶冶的最好注解。

2. 合音乐结构做动作。

理解音乐结构是理解音乐的途径。当明白音乐作品由几段构成，每段又由几句构成时，无论是听赏还是表演这一音乐作品都会觉得很轻松、享受。当清楚音乐结构时，幼儿合拍做动作就有了更深入的形象与内容表现。幼儿对音乐形象的捕捉往往比较单一，问题就在于对句子、段落的变化不敏感，往往把注意力只集中于合拍地做一种动作上。例如，欣赏《水族馆》时，孩子们会表现出极大的音乐形象创作激情，认为是水母在游动，小鱼儿尾巴在打转等。但是，孩子们一旦认定一种形象如水母，就会从头到尾沉浸于水母一种形象的合拍动作中，不能顾及随着音乐段落的变化音乐形象也在变化等音乐结构的变化特征。所以，合音乐结构做动作是对合拍做动作这一关键音乐经验的推进，旨在在合拍基础上表现出合句子、合段落等更丰富、细腻的音乐特征，真正达到合音乐表现的目标。

3. 有旋律轮廓线地歌唱。

旋律经验通俗地说就是准确歌唱的能力，能准确歌唱就是建立了音准概念。测查一个人是否建立了音准概念，可以采用以下四个步骤：

步骤一，耳朵辨认出音的高低。

步骤二，能准确模唱。

步骤三，唱准音程。

步骤四，能移调歌唱音阶。

这四个测查步骤也就是音准概念建立的四个标识，任何人建立音准概念都会经历这四个标识性的阶段。

就对某高校学前教育本科毕业生的测查结果来看，每届本科毕业生音准概念建立人数在5%—10%之间。音乐感是靠熏陶出来的，教师拥有某种音乐经验幼儿才有可能有，教师没有幼儿肯定没有。我国幼儿园教师普遍不具有音准概念，在这种现实条件下，把"准确歌唱"作为我国幼儿的关键音乐经验是毫无意义的。所以，我们把旋律关键经验定位于"有旋律轮廓线地歌唱"。

"有旋律轮廓线地歌唱"指达到音准概念建立四步骤中的前两个步骤,这时,已经意识到音是有高低的,也能用听觉意识到音的空间位置,但还不能通过自己的嗓音准确地表达出音的空间位置。就幼儿来说,幼儿已经能够唱出歌曲句子中旋律轮廓线的高低走向,但仔细倾听他们所唱之音还不能达到准确的要求。

(二)由生活经验走向音乐经验的教学推进过程

幼儿园音乐教育活动的过程是一个由生活经验走向音乐经验的过程。

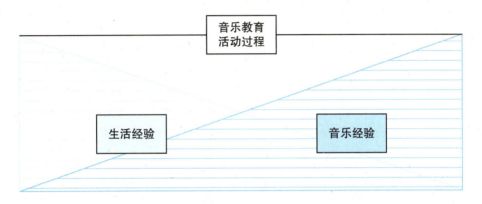

上图表示:一个音乐作品的教学活动的开始完全处于幼儿生活经验的范围内,随着教学活动过程的推进,生活经验逐渐减少而音乐经验逐渐渗透,当一个音乐作品的教学进入尾声时,音乐经验占据主要地位。音乐是幼儿进行表达的一种重要工具,音乐教育活动的过程,是幼儿对音乐内容的表达由语言表达到动作表达再到合乐表达的过程,而合乐表达就是音乐经验的获得。

三、遵循由感受到表现的艺术心理过程的教学环节组织原理

幼儿园音乐教育活动的环节推进遵循"感受—表现"的艺术心理过程,所以,音乐教育活动的大环节就是由感受与表现两个环节构成的。艺术感受作为一种心理活动,它是人通过感官感触、感知、接受艺术事件并产生艺术表象的一系列心理活动。就方向而言,艺术感受是由外向内的心理过程;就本质而言,艺术感受以情感为核心。艺术表现作为一种心理活动,它是基于艺术感受的,是把对外部世界的感受通过自身的独特方式表达出来的。就方向而言,艺术表现是由里向外的心理过程;就本质而言,艺术表现的核心是目的性,所有的艺术表现都要受艺术标准制约,没有艺术标准指向性的表现就不能称为艺术表现。

幼儿音乐学习的过程是由生活经验提炼至音乐经验的过程。所以,就幼儿而言,

感受环节本身需要分为音乐内容与音乐形式两个小环节。音乐内容感受环节即把音乐作品处理成落入幼儿生活经验范围内的内容，无论是歌曲还是器乐曲，所有音乐作品都需要进行幼儿化转换，而转换的结果之一就是使音乐作品有幼儿能看懂、听懂的内容情境。音乐形式感受环节则是音乐作品的音响出现的环节，是把第一小环节中让幼儿感受的音乐内容形象与音乐形式进行顺理成章匹配的过程。对幼儿来说，学习音乐的过程就是身体运动的过程，幼儿的音乐学习离不开身体动作。所以，幼儿园音乐教学中的表现环节也呈现出幼儿的年龄特征性，表现环节又由节奏表现与其他表现两个小环节构成。无论是歌曲还是器乐曲，无论是演唱还是打击乐演奏，幼儿的音乐表现往往呈现出由节奏表现向旋律表现推进、由模仿性表现向创造性表现推进、由身体动作表现向演奏表现推进的趋势。

综上所述，幼儿园音乐教学活动中完成一个音乐作品，一般由感受与表现两个大环节构成，感受环节又由音乐内容感受与音乐形式感受两个小环节构成，而表现环节也包含节奏表现与其他表现两个层次。具体如下图所示：

幼儿园音乐教育活动的基本环节：

感受 { 音乐内容感受
       音乐形式感受（抓住关键音乐经验）

表现 { 节奏表现（抓住关键节奏经验）
       其他表现（嗓音表现、即兴动作表现、打击乐表现）

（一）感　受

感受环节按前后顺序经历两个阶段：音乐内容感受阶段与音乐形式感受阶段。

1. 音乐内容感受阶段。

音乐内容感受阶段，教师给出一个音乐作品的故事性情境或角色或情节等生活经验层面的内容，这是幼儿进入音乐形式感受的前提。没有音乐作品的内容导引，幼儿很难真正进入一个音乐作品学习活动中。

2. 音乐形式感受阶段。

想在幼儿园音乐教学过程中让幼儿获得音乐经验，那么音乐形式感受阶段是教学的核心部分，它是音乐知识的内核所在。每一音乐作品都由音乐八大元素构成，同时每一音乐作品往往会在几个音乐元素上突显其特点，突显每一音乐作品特殊性的这几个音乐元素就是教师特别需要幼儿感受到的音乐特征。如果某一音乐作品并没有能突显出来音乐元素特征，那么就抓合拍做动作、合音乐结构做动作这两个关键节奏经验。事实上，关键节奏经验在任何一个音乐活动中都是教师要抓的核心经验。

对每一音乐作品音乐特征的感受，主要使用教师的身体动作表演、图谱等媒介。教师的准确示范在这里至关重要，在集体教学情境下，音乐艺术需要熏陶的全部含义也集中在教师的准确示范上。

在音乐特征感受阶段，最突出的一个特点是操作与探究，即在音乐特征的感觉、知觉、表象等全部的心理阶段，幼儿主要是在主动的身体动作探究与表演中进行的。在这一阶段，幼儿会表现出丰富的身体动作表达能力，（动作表达并非音乐表现）但是，幼儿本能层面上用身体动作表达出来的音乐形象往往是不合音乐的，教师的指导作用主要体现在把这些本能动作推向合拍、合音乐结构的轨道上。

（二）表　现

表现环节一般经历两个阶段：节奏表现阶段与其他表现阶段。

1. 节奏表现阶段。

音乐表现是一种意向性活动，即是一种有目的指向的表达。就幼儿园音乐教学中的幼儿音乐表现而言，它是一种意向性的表演活动，即以身体动作、歌唱、打击乐演奏为表演方式，以音乐元素指标与音乐元素所表现的情绪情感特征为表演目的指向的一种活动。当幼儿能完整、主动地随音乐做动作时，这时就由感受阶段走向了表现阶段。幼儿对音乐的理解与表演往往依赖身体动作，所以，即使是最终走向歌唱的歌曲，幼儿也需要先用身体动作表现这　歌曲，然后再走向歌唱。

如果一个音乐作品中比较有特点的音乐元素较多，这些特征又是幼儿已有经验中没有的，那么就这一音乐作品而言，幼儿需要经历模仿性表现阶段，需要把感受到的音乐元素特征用表演的方式表现出来。音乐元素特征感受阶段与模仿性表现阶段都是处于表演或操作状态的，但两者是有区别的。它们的区别在于：第一，表现阶段的表演是一个作品或一个大段落的完整表演；而感受阶段的表演往往是分句或小段落的表演。第二，表现阶段的表演是幼儿依赖自己头脑中的表象完成的表演，即主动表演；而感受阶段的表演则是在教师或他人示范的情境下进行的，表演是在榜样的带动下展开的。

2. 其他表现阶段。

（1）演唱（嗓音表现）阶段。

如果是一个歌唱作品，当合乐的身体动作表演完成后，就进入嗓音表现阶段。这一阶段往往是歌唱教学活动的第二课时，其关注的关键音乐经验是有旋律轮廓线地歌唱。这一阶段会有一些音的高低、嗓音如何表达情感等教学内容，是真正意义上让幼儿关注音乐形式本身的一个教学时间段。对没有建立音准概念的教师，我们不鼓励进入这一阶段的教学。

（2）演奏（打击乐表现）阶段。

如果是一个打击乐演奏作品，当合乐的身体动作表演完成后，便进入打击乐表现阶段。这一阶段往往是打击乐教学活动的第二课时，是把身体动作对音乐的表达迁移到演奏打击乐这一表演形式中。这一阶段教学的主旨是通过探究，让幼儿自己寻找：①每种打击乐器与音乐形象的匹配；②原有的身体动作表演与每种打击乐器的节奏型的匹配。

（3）动作即兴（创造性表现）阶段。

在幼儿具有一定的模仿性表现经验积累，或者音乐作品的音乐元素特征比较单一、形象时，幼儿很容易进入即兴表现（创造性表现）阶段。

即兴表现可以分为三种：第一种，已经经历模仿性表现，然后改变表演方式重新表现。例如，针对一个音乐作品，幼儿已经能够进行身体动作的模仿性表现，这时，教师请幼儿根据身体动作感受到与表现出的音乐元素特征，用打击乐演奏的方式表演出来。第二种，已经经历身体动作的模仿性表现，然后，重给一个音乐作品的内容情境，根据新的内容情境创编新的身体表演动作。第三种，直接给幼儿一个音乐作品，教师对音乐作品的音乐元素特征只是使用言语或图片媒介进行提醒，请幼儿完成符合音乐元素特征的表演。

集体课堂情境的幼儿园音乐教学比较适宜以音乐作品为单位展开教学活动，以上的两环节四阶段也是指一个音乐作品的学习过程，这个过程可以是一个课时、三个课时，通常是两个课时。每个音乐作品的教学一定会让幼儿经历感受与表现两个大环节，但不是非完成全部四个阶段不可的，有的作品只走前面三个阶段，有的作品会跳过节奏表现直接进入其他表现。总之，两个大环节是不可避免的，而具体的阶段会根据作品的特性而做出一定的调整。

四、"探究、操作、游戏"是幼儿学习方式的教学原则

经验的幼儿园音乐教学是追求结果的,它的结果就是关键音乐经验。希望通过音乐教学收获到幼儿合乐表演、有旋律轮廓线地演唱这些音乐经验。但同时,经验的幼儿园音乐教学更追求过程,既然强调经验,是让幼儿获得经验,那一定是具有"儿童中心"倾向的。强调音乐教学的过程就是幼儿探究、操作、游戏的过程,强调教学即活动。

(一)探 究

探究是围绕"问题"展开的,这种"问题"用英语表达是"problem",不是"question"。只是让幼儿回答一个"question"不是探究,教师设置情境、提出问题,引导幼儿去完成一个"problem",这就成为探究。

歌唱教学中,教师通过提问、启发等方式,引导幼儿把所有歌词内容都用自己的动作表达出来,这个过程就是"探究",我们称之为歌唱教学中的动作探究。在歌唱教学的第二课时,有的歌曲适合歌词创编,这种重新为歌曲配上歌词的过程,就是歌唱教学中的歌词探究。这种在教学中足够形成一个"问题"(problem)从而引发幼儿探究的教学内容,我们称之为"探究空间"。换言之,幼儿园音乐教学中的"探究空间"就是指教学中能够引发探究的这个"问题"(problem)。当教师引导幼儿探究时,应该先考量清楚你让幼儿探究的问题是什么、怎么才算解决了问题。

欣赏教学的探究空间包括:第一,当音乐内容形象出现后,请幼儿用动作把这些音乐内容形象地表达出来;第二,用动作表现简单的音乐形象时,请幼儿通过丰富身体动作的表现力来丰富音乐形象;第三,当幼儿已经掌握了一种音乐形象的身体动作表现方式后,请幼儿用身体动作创编出另一种音乐形象。

打击乐教学的探究空间包括:第一,根据身体动作所表达的音乐形象,为这些音乐形象匹配合适的打击乐器;第二,根据身体动作所表达的音乐形象,为这些音乐形象匹配合适的演奏节奏型。

集体舞与音乐游戏的探究空间包括:第一,某一段音乐的完全的动作即兴;第二,某一段音乐的动作替代。

在幼儿园音乐教学中,幼儿的探究活动基本上是非音乐的、幼儿生活经验层面的,集中于动作与语言的探究。在这些探究活动过程中,如果教师缺乏把动作、语言经验提升至音乐经验的关键性引导与推动,探究就会落入低经验重复。

（二）操 作（表演）

音乐与操作（表演）的关系完全是同一的，没有操作就没有音乐学习，没有操作就没有音乐经验。这就是为什么韵律活动在幼儿园音乐教学内容板块中不再单独出现，它的消失不是因为它不重要，而是因为它太重要，重要到无所不在，重要到音乐活动即韵律活动。我们把幼儿园音乐教学内容板块分为歌唱、欣赏、打击乐、集体舞、音乐游戏五类，这五类都属于韵律活动范畴，即都是通过身体动作的操作（表演）来进行音乐学习的。

无论是感受还是表现阶段，幼儿的音乐学习离不开身体动作操作，（表演）音乐学习往往是由身体动作操作走向演唱与演奏的过程。但是，如何通过互动的方式，使幼儿的操作变得具有思维性、主动性，而不是被动接受，这是教师在幼儿园音乐教学的操作过程中随时需要思考的问题。

（三）游 戏

这里的游戏是指在音乐活动过程中加入传统、生活游戏，使得音乐学习具有游戏味。这种游戏可能加在内容感受环节，也可能加在音乐感受与表现环节，形式与内容不拘。游戏的加入，使得音乐教学内容的玩性得到提升，幼儿的学习主动性也就得到发挥。

就活动设计层面来说，游戏的加入有时会出现牵强现象，有为加游戏而加游戏之嫌，游戏方式与音乐教学内容之间缺少契合匹配度；就教学过程层面来说，所加入的游戏有时教师会采用死教游戏动作与规则的教学方式，游戏所具有的玩性功能消失，加剧了死教的程度。

五、在互动中实现幼儿主动学习的教学原则

在幼儿园集体音乐课堂，高质量的师幼、幼幼互动几乎可以与幼儿主动学习划等号。幼儿主动学习是由高质量的师幼、幼幼互动孵出来的，互动越少，死教越猖獗，离幼儿主动学习越远。

师幼、幼幼互动有数量，是指在一个音乐教学活动中，教师有意识地使用促进幼儿主动学习的一些互动契机，包括：①抛任务之时，教师的提问与追问契机；②幼儿接任务之时，教师引导幼儿展开任务难度讨论与分析的契机；③任务完成后，教师引导幼儿同伴评价与反思的契机。每个集体音乐教学活动都由几个教学任务构

成，每个教学任务抛出与完成过程都包含三个互动机会，这些互动机会教师到底能利用几次？这是一个量的指标。就互动而言，数量也是非常重要的，一个没有互动的集体音乐活动，很难出现幼儿的主动学习。当然，只是追求互动的数量是远远不够的。高质的师幼、幼幼互动，是指教师对互动策略的娴熟运用，核心是自如抛问题给孩子、自如接孩子抛过来的问题、作为二传手自如传递与提升孩子之间的问题，从而达到启动与提升孩子思维的目标。幼儿的学习方式主要是探究、操作、游戏等，而真正实现这些利于幼儿获得经验的学习方式的途径就是互动，没有互动的探究很容易落入假探究，没有互动的操作与游戏很容易演化为死教动作、死教游戏规则的状况，所以，常态的音乐教学过程是一个师幼、幼幼互动的过程。不过，始终能触动、提升幼儿思维的高质量互动是教师教学专业性的最高体现，它属于情境知识，依赖教师的实践智慧。

第二部分　幼儿园打击乐教育活动的设计与组织

一、打击乐教育活动的设计

打击乐教育活动的设计是依据打击乐关键经验，选择音乐作品、处理音乐作品、选择教学方式，对幼儿施加教育影响的方案；也是影响打击乐教育活动的主要因素，如打击乐教育活动目标、教育内容、教育方法、教师与幼儿以及环境媒介等进行合理而系统地编制和处理的过程。

（一）活动材料的设计

打击乐教育活动的材料包括音乐作品、动作、视觉媒介、乐器与演奏方式等。活动材料设计的本质是对音乐作品进行幼儿化表征，是音乐学科知识的幼儿化转换，是音乐教学专业性的重要体现。打击乐教育活动的材料设计包括四方面内容：音乐作品选择、音乐内容形象挖掘、视觉媒介设计、乐器选择与演奏编制。

1.音乐作品的选择。

（1）音乐作品的长短与性质。

用于幼儿演奏的音乐作品一般不能长于3分钟，这种限制与欣赏音乐作品是一样的。在音乐作品可以简短到什么程度方面不受限制，比如用于小班演奏的音乐作品可以只是两句，简短到不能再简短；但是，由于音乐可以循环播放，小班年龄段的幼儿非常乐意重复演奏等原因，因此，在小班，演奏简短的音乐作品是很有必要的。

用于集体教育活动中演奏的音乐作品，一方面包括声乐与器乐两类，尤其是让幼儿自己配多声部伴奏的音乐作品一定是声乐作品，且适合幼儿歌唱；另一方面无论是声乐还是器乐作品，其性质的范围可以涉及由欢快活泼到中速行进，再到抒情缓慢的所有横跨快、中、慢三类速度的音乐。但是，音乐作品性质的基调还是集中在欢快活泼上，如果只有一段音乐需要欢快活泼，如果是多段音乐，主段音乐是欢快活泼的，中速行进或抒情缓慢的音乐则用于对比。

（2）音乐作品的来源。

可以用于幼儿园打击乐演奏的音乐作品的范围大大多于用于欣赏的音乐作品。用于欣赏的音乐作品需要有足够的音乐容量可以让幼儿沉浸于此作品的内容表现上，而打击乐演奏的关注点可以是音乐内容形象，也可以是音乐节奏型或单纯的音色，或某种伴奏方式。幼儿用打击乐器去表现音乐时，可以表现的范围大大超过用身体动作所能表现的范围，所以，幼儿园打击乐演奏的音乐作品没有范围限制，什么作品都可以，只要音乐长度、音乐性质符合幼儿表现就行。

（3）音乐作品的剪裁。

幼儿园音乐欣赏作品的四种剪裁类型同样适合对打击乐音乐作品的剪裁。打击乐音乐作品在裁剪处理手法上可能需要增加另一种方式：拉慢音乐速度。用于身体动作表现的音乐欣赏作品，其速度再快都构不成表演障碍，因为身体动作设计灵活性较大，速度快的音乐可以一个句子做一个动作或者两拍做一个动作。然而，幼儿的打击乐演奏不能有太多时间用于等待，对大多数幼儿而言，等待是容易分散注意力的，幼儿必须持续地有"事情"做。鉴于此，用于幼儿演奏的打击乐作品，当速度太快时需要进行速度拉慢的处理。

2. 音乐内容形象的幼儿化挖掘。

所有的音乐作品在与幼儿"见面"时，必须具有在幼儿生活经验范围内的音乐内容形象，这种音乐内容形象的挖掘是幼儿园教师对音乐作品的二度创作，也是幼儿园音乐教育专业性的突出表现。任何类型的幼儿园音乐教育活动都必须始于音乐欣赏，歌唱活动的起点是歌曲的欣赏，欣赏、（身体动作表现）打击乐、集体舞与音乐游戏活动的起点也是对音乐作品的欣赏或感受。幼儿园音乐教育活动的欣赏与感受环节决定着整个音乐教育活动的有效性，而欣赏与感受环节的有效性则是由教师对音乐作品内容形象的幼儿化挖掘结果决定的，音乐内容形象挖掘得越具体好玩、越接近幼儿生活，就越能激发幼儿的音乐实践兴趣。所以，所有的幼儿园音乐教育活动类型都无法回避音乐作品内容形象的幼儿化挖掘问题。

在幼儿园音乐欣赏教育活动中，对音乐作品内容形象的幼儿化挖掘主要采用情境式，即把音乐作品的内容形象挖掘具体到有角色、有情节的程度，这种情境式挖掘仍然是幼儿打击乐演奏作品的一种主要挖掘方式。但是，用打击乐表现音乐方式的多面性，决定了打击乐音乐作品在音乐内容形象的幼儿化挖掘方面也是多样的。下面我们介绍用于打击乐演奏教育活动的音乐内容形象的挖掘方式。

（1）音乐内容形象的情境性挖掘。

音乐内容形象的情境性挖掘是指用人物、动物行为构成的具体事件去解释音乐的一种音乐作品内容具体化方式。

（2）音乐内容形象的图形性挖掘。

音乐内容形象的图形性挖掘是指用各类平面图形去解释音乐元素的各种表现特征的一种音乐作品内容具体化方式。所用的图形可以突显音乐中的节奏、旋律、力度、速度等特征，通过图形组合的重复与变化刻画出音乐句子与段落的重复与变化特征。

（3）音乐内容形象的声势性挖掘。

声势是奥尔夫音乐教学体系中的概念。在奥尔夫音乐教学体系中，声势有两种类型：身体打击声势与嗓音声势。身体打击声势是指以人体为天然乐器，以捻指、拍掌、拍腿、拍膝、跺脚等方式发出不同声效的声响。嗓音声势是指以喉咙为天然乐器，发出声效的模拟化声响。这里的声势只指身体打击声势。声势与律动的区别在于律动更具有动作的意义指向，更重视动作所表达的意思；而声势则着重于拍打身体不同部位后所发出的不同音效及这些音效的组合。

音乐内容形象的声势性挖掘是指用声势动作去解释音乐元素的各种表现特征的一种音乐作品内容具体化方式。相对于前面两种方式，声势性挖掘由于缺少动作的具体意义指向性，幼儿不是太喜欢。采用这种挖掘方式最理想的境界是在使用声势时加入情境性内容，其实质是走向声势性挖掘与情境性挖掘的整合。

3. 视觉媒介设计。

在幼儿园打击乐教育活动中，视觉媒介设计主要包括视频与图谱的设计。

（1）视频的选用与裁剪。

在打击乐教育活动中，如果欣赏环节的展开方式是采用音乐作品内容形象的情境性挖掘，才有可能使用视频。使用视频的目的是用直观生动的视频形象激活幼儿音乐活动的思维，把幼儿带入与音乐作品相关的内容形象中去。

（2）图谱设计的类型与功能。

幼儿园打击乐教育活动是最终走向演奏的一种音乐实践，相对于其他类型的教育活动，其图谱的使用率是最高的。既然称为图谱，（图像或图形乐谱）必须具备清晰表达音乐句段结构的功能，否则就不称为"谱"了。最终走向幼儿打击乐演奏的图谱除具有表达音乐句段结构功能之外，还具有表达音乐内容的功能。正是图谱在表达音乐内容时的方式不同，决定了打击乐图谱的类型。

① 用具体图像表达情境化音乐内容的打击乐图谱。

这类图谱在保证"谱"的功能的前提下突出了"图"的功能。"图"的含义就是图像，这些图像表达了音乐内容的情境。这类图谱在欣赏教育活动中也经常使用。以下为这类图谱的范例，图谱既表达了音乐内容，又表达了音乐的句段结构。

② 用抽象图形表达情境化音乐内容的打击乐图谱。

这类图谱使用的图形本身是抽象的，但是这些抽象图形却表达着具体的情境化内容，即被赋予了图像的功能。

③用抽象图形表达音乐元素特征的打击乐图谱。

这类图谱使用的图形本身是抽象的，同时所表达的不是音乐内容而是音乐元素特征，如节奏、旋律、力度、句子等变化，这类图谱最接近"谱"的内涵。

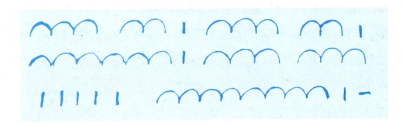

4. 乐器选择与演奏编制。

在打击乐音乐教育活动过程中，乐器的选择与演奏方式是以幼儿探究的方式主动完成的，这并不意味着教师在准备音乐教育活动时不进行乐器选择与演奏方式的预设。用于幼儿园的打击乐器类型与性质，我们在第一章已做了较详细的介绍，幼儿园教师需要熟悉这一部分内容，以便选择与音乐性质相匹配的乐器来进行演奏。

演奏节奏型的编制是根据欣赏环节的身体动作表演、声势动作、舞蹈动作、图形出现的频率进行的，不能脱离欣赏环节所获得的身体动作表现方式而进行没有根据的编制。欣赏环节的身体动作表演到演奏环节的乐器演奏使用的是同一性质的音乐思维，是一个思维递进的过程而不是割裂状态。

（二）打击乐教育活动的活动目标设计

1. 打击乐教育活动目标具有欣赏与演奏的两重目标。

打击乐音乐教育活动往往由两课时构成。第一课时是欣赏活动，其活动目标与欣赏教育活动相同。第二课时的演奏活动，表现出演奏活动的目标特性，主要指向幼儿如何主动探究音乐与乐器匹配以及如何合乐地演奏音乐等方面。我们在阐述打击乐教育活动的目标时，分成打击乐教育活动的欣赏目标与演奏目标两个部分，欣赏目标主要指第一课时的目标，演奏目标主要指第二课时的目标。

2. 打击乐教育活动中演奏目标的表述。

与歌唱、欣赏活动目标的表述一样，打击乐教育活动中的演奏目标我们也是着重介绍音乐性目标的表述方式。

（1）打击乐教育活动演奏目标表述具有探究方式的维度。

本书倡导的幼儿园打击乐教育活动是一种探究学习方式的教育活动,当欣赏环节结束进入演奏活动的环节时,教师不再直接给幼儿乐器的选择、演奏方式等答案,所有的学习结果需要幼儿用主动探究的方式去获得。幼儿需要探究的任务主要有两个:第一,为已经感受过的音乐选择合适的几种乐器;第二,为每种乐器决定演奏手法与演奏型。幼儿探究的组织方式也有两种:第一,全班集体讨论式;第二,小组合作式。教师提供幼儿探究的支架会有所不同,在小班阶段,教师一般已经为音乐选择好几种乐器,幼儿探究的任务是在已有的乐器中为每段音乐或音乐中的每一种动作选择合适的乐器并演奏;在中、大班阶段,教师一般不为幼儿选择乐器,幼儿需要在所有的打击乐器类别中选择合适音乐的一种乐器。

在演奏目标中需要表达出幼儿探究的内容是什么,探究的组织方式与教师提供的探究支架是什么。

(2)打击乐教育活动演奏目标表述具有关键经验的维度。

打击乐教育活动中涉及的演奏关键经验有合拍与合句段结构演奏两项目标,在表述时需要针对具体的音乐作品揭示出合拍与合句段结构演奏的具体指标或特征。

(三)打击乐教育活动的过程设计

1. 打击乐教育活动的一般环节。

幼儿园打击乐教育活动一般包括以下四个环节:

◆ 欣赏(完成乐曲的感受与身体动作表现)

◆ 音乐与乐器的匹配

◆ 徒手合乐

◆ 乐器演奏

(1)欣赏环节。

打击乐教育活动中欣赏环节的主要任务是引导幼儿完成对音乐作品的感受与身体动作表现。打击乐教育活动中的欣赏方式有以下四种:

◆ 情境性身体动作表演的欣赏方式

◆ 声势动作的欣赏方式

◆ 图形谱欣赏方式

◆ 舞蹈表演欣赏方式

一般而言,以上四种欣赏方式都需要单独使用一个课时的时间,但是,声势动作与图形谱这两种欣赏方式使用半课时时间,目前也比较常见。欣赏环节的设计要点是对欣赏方式的选择，欣赏方式不同，欣赏环节教学过程的推进方式也就不同。

（2）音乐与乐器匹配环节。

这一环节的关键是音乐与乐器的匹配工作需要由幼儿主动完成，可以全班讨论完成，也可以分组以小组合作的方式完成。音乐与乐器的匹配是指音乐内容或形式特征与乐器性质的匹配，由于音乐内容或形式特征在欣赏环节已经翻译为情境化身体动作、声势、图形、舞蹈等形式，对幼儿而言，"音乐"特征就是身体动作、声势、图形、舞蹈等特征。所以，音乐与乐器匹配的实质是身体动作、声势、图形、舞蹈等特征与乐器性质特征的匹配。

这一环节是由幼儿在教学过程中主动完成，并不意味着教师课前不做任何准备或预设。只有教师认真研究过将要演奏的音乐作品，才能最清楚用什么乐器表现此音乐作品是比较合适的。教师只有对乐器与音乐之间的性质关系了如指掌才能在启发引导幼儿的匹配时有的放矢，达到提升幼儿音乐思维与行动的效果。

（3）徒手合乐环节。

幼儿园打击乐音乐教育活动有时会出现"崩课"现象，原因是幼儿拿着打击乐器过于兴奋，不理教师的教学要求，进入自我玩耍状态。所以，徒手合乐环节是打击乐音乐教育活动的秘密武器，合理使用这一环节不仅不会"崩课"，而且会提升打击乐演奏活动的有效性。

徒手合乐是指幼儿模仿乐器的拿法，但实际不拿乐器进行随乐演奏。演奏活动中涉及的所有音乐难点、重点问题在这一环节解决。

（4）乐器演奏环节。

这一环节是让幼儿享受演奏乐趣的环节，演奏中涉及的音乐难点、重点问题都已经解决，重点关注演奏中合作、协调与倾听自己声音等问题。

2. 每一环节与每一环节中涉及的打击乐关键经验。

（1）音乐欣赏环节及涉及的关键经验。

● 音乐内容的语言描述
● 音乐内容的动作探究
● 对身体动作的语言描述
● 合拍做动作
● 合句段结构做动作

音乐欣赏环节相当于一个完整的音乐欣赏教育活动，凡音乐欣赏教育活动需要涉及的关键经验在打击乐教育活动的这一环节也同样涉及，具体要求与欣赏教育活动相同，这里不再赘述。

（2）音乐与乐器匹配环节及涉及的关键经验。

● 音乐内容与形式的语言描述

这个环节是幼儿用语言表达对音乐内容与形式的理解的典型环节，尤其在回答选择这种乐器而不是另外一种乐器的理由时，幼儿的语言直接代表着他们对音乐的理解程度。

（3）徒手合乐环节及涉及的关键经验。

● 合拍做动作

● 合音乐句段结构做动作

这里"合拍与合句段结构做动作"中的动作是指演奏动作，但动作的频率一般也是指向拍子，因为真正脱离拍子的节奏型在幼儿园打击乐教育活动中还是较少使用的，幼儿园的节奏概念主要针对节拍，表达不同时值音符构成的节奏概念留于小学以后再进行。

这里的合拍与合句段结构的演奏动作是在教师指挥下完成的。由于是全班协调、合作性地完成徒手演奏活动，这时教师的指挥是不可或缺的。

（4）演奏环节及涉及的关键经验。

● 合拍演奏

● 合音乐句段结构演奏

在两个条件满足的情况下，幼儿合拍与合音乐句段结构演奏的关键经验是水到渠成、顺理成章的事。这两个条件为：第一，演奏所涉及的乐器是幼儿熟悉的，包括熟悉乐器声音性质、演奏方式、名称等；第二，幼儿达到合拍与合音乐句段徒手演奏的水平。

（四）打击乐教育活动方案的结构

打击乐教育活动方案由四个部分构成：音乐材料、活动目标、活动准备与活动过程。第一，音乐材料部分。音乐材料部分需要呈现乐谱、对音乐作品内容形象幼儿化挖掘所需要的视觉直观教具、（图片、视频、图谱等）对音乐作品的动作设计、对演奏方式的设计。第二，活动目标部分。打击乐音乐教育活动往往由两课时构成。第一课时是欣赏活动，其活动目标与欣赏教育活动相同。第二课时的演奏活动，其活动目标主要指向幼儿主动探究音乐与乐器匹配与如何合乐地演奏音乐上。第三，活动准备部分。准备部分包括经验准备与物质准备两部分。乐曲的音乐内容中有幼儿不是太熟悉的情境、事件、知识等情况时，打击乐教育活动之前需要对幼儿进行经验铺垫或准备，以便顺利展开教学。物质准备主要指设备、教具、学具与乐器的准备。第四部分，活动过程部分。过程部分一般是按照音乐欣赏、音乐与乐器匹配、徒手合乐演奏与乐器演奏四个环节推进。

二、打击乐教育活动的组织

打击乐教育活动的组织是指根据课堂实际情况灵活地将打击乐教育活动设计方案转化为课堂实践的过程，也是教学内容有序的展开过程。

（一）打击乐教育活动的课时安排

打击乐教育活动一般两个课时完成，第一课时是音乐作品的欣赏活动，完成用身体动作对音乐的感受与表现；第二课时是音乐作品的演奏活动，完成乐器的选择、徒手演奏与拿乐器演奏等任务。

1. 第一课时的教学环节。

第一课时欣赏活动的环节安排与欣赏教育活动的环节安排是一样的，一般以如下方式展开：

（1）音乐内容感受环节。

（2）音乐形式感受环节。

（3）身体动作表现环节。

在音乐作品是多段落的情况下，一课时欣赏活动的三环节也会演变为以下的三个环节：

（1）第一段音乐的内容感受与形式感受环节。

（2）第二段音乐的内容感受与形式感受环节。

（3）完整音乐的身体动作表现环节。

2. 第二课时的教学环节。

第二课时演奏活动的环节安排一般如下：

（1）复习身体动作对音乐的合拍、合句段结构表现。

（2）通过探究方式，为每种音乐形象选择合适的乐器与演奏方式。

（3）在教师的指挥下，幼儿徒手演奏乐曲。

（4）在教师的指挥下，幼儿拿乐器演奏乐曲。

（二）指向关键经验的打击乐教育活动组织

打击乐教育活动的组织即打击乐教学内容的有序推进，每一项教学内容都具有指向关键经验获得的功能。由于打击乐教育活动由欣赏与演奏两个活动构成，打击乐教育活动中的欣赏活动与欣赏教育活动是同一的，所以，在这里我们着重阐述打击乐教育活动中的演奏活动的组织。

下面为常规四环节打击乐教育活动中演奏活动的教学内容组织与指向的关键经验：

（1）复习身体动作对音乐的合拍、合句段结构表现。（指向合拍、合句段结构做动作关键经验）

（2）通过探究方式，为每种音乐形象选择合适的乐器与演奏方式。（指向语言描述关键经验）

①让幼儿用语言描述已经用身体动作表演过的音乐作品的各种内容形象。

②为每种音乐内容形象应该选择合适的乐器，并说出理由。

③为每种乐器选择演奏方式，并说明为什么如此演奏。

（3）在教师的指挥下，幼儿徒手演奏乐曲。（指向合拍、合音乐句段结构做动作的关键经验）

①在教师指挥下，每一幼儿徒手演奏所有乐器。

②在教师指挥下，分组徒手演奏，即每一幼儿演奏一种乐器。

（4）在教师的指挥下，幼儿拿乐器演奏乐曲。（指向合拍、合音乐句段结构演奏的关键经验）

①固定一种乐器的合拍、合句段结构演奏。

②轮换乐器的合拍、合句段结构演奏。

第三部分 幼儿园打击乐教育活动设计实例

一、小班打击乐教育活动设计实例

活动一 蛤蟆鼓

【童谣】

蛤 蟆 鼓

风来了,雨来了,
蛤蟆背着个鼓来了;
什么鼓,花花鼓,
噼噼啪啪噼噼啪啪二百五。

【演奏建议】

念"风"字时请已经找到模拟风声乐器的幼儿演奏,念"雨"字时请已经找到模拟雨声乐器的幼儿演奏,念"鼓"(共有三个)字时请拿鼓的幼儿演奏,最后一句只念不演奏。

1.通过尝试,选择合适的打击乐器模拟自然界声响。

2. 在教师指导下为童谣配上合适的音效。

活动准备

1. 各种打击乐器，各几件。
2. 报纸、瓶子、杯子等会发出声音的一些废弃生活用品。
3. 风声、雨声等各种自然界声响的音效录音。

活动过程

1. 呈现所有打击乐器，请幼儿自由选择尝试敲击的方式。
2. 播放录音音效，请幼儿选择乐器模拟这些音效。
（1）教师播放雨声录音，有小雨、大雨，请幼儿尝试模仿。
（2）教师播放风声录音，有小风的声音、大风的声音，请幼儿尝试模仿。
（3）教师播放打雷的录音，请幼儿模仿。
（4）教师最后把幼儿分成风声、雨声与雷声三组，三组跟着录音音效进行模拟性演奏。
3. 幼儿学习童谣，为童谣配伴奏。
（1）教师朗诵童谣，请幼儿说说童谣里都有什么。
（2）教师分配角色，刚才演奏风声、雨声的还是做风和雨，刚才演奏雷声的变成鼓。

- 要求：当教师念到"风"字时，风声组演奏；当教师念到"雨"字时，雨声组演奏；当教师念到"鼓"字时，雷声组演奏。

（3）教师朗诵童谣，幼儿根据要求按组演奏。
4. 教师与幼儿合作完整演奏。

- 教师朗诵童谣，幼儿分组演奏。

活动二 大狼喝甜粥[①]

音乐材料设计

【故 事】

大狼喝甜粥

大狼在外婆家喝甜粥，(图一)甜粥真香哦！大狼稀里哗啦一下子就喝完了。甜粥真烫哦！大狼被烫得哇啦哇啦地大声哭起来。(图二)大狼在自己家喝甜粥，大狼吹三下喝一小口，生怕再被烫到舌头和嘴巴。妈妈说，不要喝了，上幼儿园要迟到了！没能喝完甜粥，大狼难过得稀里稀里地小声哭起来。(图三)大狼在幼儿园喝甜粥，老师教大狼：轻轻从上面挖一勺，然后吃一勺。不冷不热，香香甜甜真正好！大狼喝完甜粥，抱着小碗亲了一下，啧，然后笑着说：谢谢老师。

【图 片】

图一

图二   图三

---

① 对原教案做了较大的改动。许卓娅.幼儿艺术(音乐)教育与活动指导.南京：江苏教育出版社，2013：173。

【铃鼓演奏建议】

大狼在外婆家喝甜粥：用力上下抖动铃鼓。

大狼大哭：用假哭模仿大哭声。

大狼在自己家喝甜粥：上下抖动铃鼓。

大狼吹三下喝一口：模仿吹的动作，发出三下声音，然后轻轻摇一下铃鼓。

大狼小声哭：用假哭模仿小声哭。

大狼在幼儿园喝甜粥时的吃一口：轻轻敲一下铃鼓。

大狼亲一下小碗：轻轻敲一下铃鼓。

活动目标

1. 与教师一起探究如何能用铃鼓这一种乐器演奏出故事情节中所需要的各种声音。

2. 在教师的启发下能投入地表现大狼的各种情绪。

活动准备

1. 与幼儿人数相等的铃鼓。

2. 与故事内容相匹配的图片。

活动过程

1. 教师边出示图片边讲故事，逐渐提炼出音响词。

（1）讲一遍故事，提问故事情节。

（2）教师与幼儿讨论：在外婆家、在自己家、在幼儿园，大狼是怎么喝粥的，发生了什么情况。

（3）教师总结：大狼在外婆家快速喝粥，被烫得大哭；在自己家喝粥吹三下喝一小口，结果没喝完伤心得小声哭了起来；在幼儿园学会了从碗的最上面挖一勺，然后吃一勺的方法，快乐又安全地喝完了粥，还高兴地亲了一口碗。

2. 用铃鼓为故事情节配声音。

（1）教师与幼儿合作为大狼在外婆家喝粥的情节配声音。

（2）教师与幼儿合作为大狼在自己家喝粥的情节配声音。

（3）教师与幼儿合作为大狼在幼儿园喝粥的情节配声音。

（4）教师串三个情节中的音响词，幼儿在教师的指挥下演奏。

3.教师完整讲故事，幼儿根据情节完整表演。

（1）教师边讲故事边呈现图片边指挥幼儿演奏。

（2）把演奏的要求再明确一次，尽量做到每个幼儿都明白演奏事项。

（3）教师讲故事幼儿演奏，再次合作。

活动三 大雨小雨[1]

【曲谱】

大雨小雨

佚 名词曲

1=♭E 2/4

3 2 2	1 —	3 2 2	1 —	3 3
下 小雨 啦，	下 小雨 啦，	滴 滴
下 大雨 啦，	下 大雨 啦，	哗 哗

2 2	3 3	2 2	3	2 2	1 — ‖
嗒 嗒	滴 滴	嗒 嗒，	下	小雨	啦。
啦 啦	哗 哗	啦 啦，	下	大雨	啦。

【乐器选择与演奏建议】

第一段小雨：使用小铃，歌词部分演奏节奏型为 × — │ × — │，象声词部分演奏节奏型为 × × │ × × │。

第二段大雨：使用铃鼓摇奏方式，整段节奏型为 × — │ × — │。

1. 在教师给出的两件乐器中选择与大雨小雨声相适的乐器，而且对演奏的强弱、长短方式有自己的想法。

2. 在教师的指挥下，用乐器表现下大雨与下小雨的情境。

1. 数量相同的铃鼓与小铃。

2. 已经会唱《大雨小雨》这首歌曲。

---

[1] 对原教案做了较大的改动。许卓娅. 幼儿艺术（音乐）教育与活动指导. 南京：江苏教育出版社，2013：169.

活动过程

1. 用嗓音表达《大雨小雨》这首歌曲的轻重表现力。

（1）让幼儿用语言表演大雨与小雨在音量上的不同。

（2）请幼儿把这种音量上的不同在歌唱时表现出来。

2. 为大雨与小雨选择合适的乐器并决定演奏方式。

（1）教师与幼儿讨论：下小雨时是使用铃鼓还是小铃，应该怎么演奏。（长与短、轻与重）

（2）教师与幼儿讨论：下大雨时是使用铃鼓还是小铃，应该怎么演奏。（长与短、轻与重）

（3）一半幼儿在教师指挥下使用小铃表现小雨，另一半幼儿使用铃鼓表现大雨。

3. 幼儿边唱边合作演奏。

（1）一半小铃一半铃鼓，边唱边演奏。

（2）教师与幼儿讨论歌唱与演奏的情况，提出改进建议。

（3）根据改进建议再次边歌唱边演奏。

（4）换乐器再次合作。

活动四 这是小兵

音乐材料设计

【曲　谱】

这是小兵

佚 名词曲

$1=\flat E$　$\frac{2}{4}$

1. 3　5 5	3　　1	5. 1　5. 1	3　　-
这　是　小 兵 的	喇　　叭	哒 哒　哒 哒	嘀。

1. 3　5 5	3　　1	5. 1　5. 5	1　　-
这　是　小 兵 的	铜　　鼓	咚 咚　咚 咚	咚。

1. 3　5 5	3　　1	5. 1　5. 1	3　　-
这　是　小 兵 的	手　　枪	叭 叭　叭 叭	叭。

1. 3　5 5	3　　1	5. 1　5. 5	1　　-
这　是　小 兵 的	大　　炮	轰 轰　轰 轰	轰。

【身体动作设计建议】

第一句：前两小节在座位上做走路动作，后两小节做吹喇叭动作。

第二句：前两小节在座位上做走路动作，后两小节做敲鼓动作。

第三句：前两小节在座位上做走路动作，后两小节做手枪射击动作。

第四句：前两小节在座位上做走路动作，后两小节做开大炮的动作。

四句动作的节奏型相同，即：x x ｜x x｜x x｜x 0 ‖

【乐器选择与演奏建议】

喇叭与手枪：小铃。

铜鼓与大炮：铃鼓的敲击演奏。

演奏节奏型与身体动作相同。

活动目标

1. 在教师给出的两件乐器中选择出与喇叭、铜鼓、手枪、大炮的声音相对一致的乐器，并能把歌曲身体动作表演的节奏型迁移到乐器演奏中去。

2. 在教师的指挥下，用乐器表现歌曲中四种声音情境。

 活动准备

1. 数量相同的铃鼓与小铃。

2. 已经会唱《这是小兵》这首歌曲并会用身体动作表演。

 活动过程

1. 请幼儿边歌唱边用身体动作表演《这是小兵》这首歌曲。

（1）请幼儿边歌唱边用身体动作表演。

（2）请节奏型准确又特别有动作表现力的幼儿为全体幼儿表演。

（3）请全体幼儿有表现力地用身体动作表演。

2. 教师出示铃鼓与小铃两种乐器，请幼儿为歌曲中四种音响选择相对合适的乐器。

（1）请幼儿为喇叭的声音选择一种乐器，并尝试演奏方式。

（2）请幼儿为铜鼓的声音选择一种乐器，并尝试演奏方式。

（3）请幼儿为手枪的声音选择一种乐器，并尝试演奏方式。

（4）请幼儿为大炮的声音选择一种乐器，并尝试演奏方式。

3. 分组拿乐器合作演奏。

（1）请每组幼儿拿一种乐器，四组合作完整演奏歌曲。

（2）幼儿之间互评，说说演奏得好不好，好在哪里。

（3）依次换乐器，边歌唱边演奏。

活动五 葡萄乐进行曲

音乐材料设计

【乐　谱】

葡萄乐进行曲

选自《奥尔夫音乐会系列》

1=G 4/4

| 1 3 | 5 5　5 2 3　4 4　3 1 3 | 5 5　5 2 3　4 4　3 1 3 |

| 2 1 7 6　5 6 6　5. 　1 3 | 2 1 7 6　5 6 6　5. ‖

【作品介绍】

这是给小班第一学期幼儿提供的打击乐演奏作品，全曲共两句音乐，通过跺脚、拍手、拍腿动作的分配把乐句表达出来。

【声势设计】

第一小节：跺脚，节奏为 × × × ×。

第二小节：同第一小节。

第三小节：前两拍拍手，节奏为 × ×；后两拍拍腿，节奏为 × ×。

第四小节：同第三小节。

【乐器选择与演奏建议】

跺脚：小鼓。

拍手：小铃。

拍腿：沙球。

节奏型：与声势动作的节奏型相同。

活动目标

1. 在教师给出的三件乐器中分别挑选出与跺脚、拍手、拍腿的声音相匹配的乐器。

2. 在教师的指挥下,三组幼儿合作演奏乐器。

 活 动 准 备

1. 数量相同的小鼓、小铃、沙球或沙蛋。
2. 音乐 CD。

 活 动 过 程

1. 教师随音乐做示范声势动作,引导幼儿观察教师做了哪些动作,并用清晰的语言表达出来。

2. 在教师示范下,幼儿随音乐做声势动作。

3. 幼儿独立地随音乐做声势动作。

4. 教师拿出小铃、小鼓、沙球或沙蛋三种乐器,与幼儿讨论哪种乐器合适哪种动作。

5. 在教师的指挥下,幼儿做模仿拿乐器的徒手动作进行徒手演奏。

6. 在教师指挥下,幼儿拿乐器演奏。

活动六　孤独的牧羊人

【音乐材料设计】

【乐　谱】

孤独的牧羊人

美国电影《音乐之声》插曲

[美] 奥斯卡·哈默斯坦词
理查德·罗杰斯曲

$1=\text{G} \ \frac{2}{4}$

(1 5　5 5 | 1 5　5 5) | 5 5 5　5 5 5 | 5 4　4 3 | 5 5 5 5　5 5 5 5 |

5 6　5 | 5 5 5　5 5 5 | 5 4　4 3 | 5 5 5 5　6 5 6 7 | 1　- |

5 5 5　5 5 5 | 5 4　4 3 | 5 5 5 5　5 5 5 5 | 5 6　5 | 5 5 5　5 5 5 |

5 4　4 3 | 5 5 5 5　6 5 6 7 | 1　- | 2　5 | 5 5 3 5　4 3 |

2　4 | 3 3 1 2　3 | 2　5 | 5 5 3 5　6 5 | 2 2 7 2　3 #4 | 5　- ‖

【作品分析】

这是给小班第一学期幼儿提供的打击乐演奏作品，全曲共三大句，第一句与第二句重复，第三句与一、二句构成对比。句子的重复与对比结构通过图形的重复与对比来揭示，幼儿很容易从图形中捕捉到句子结构的信息。

【图形谱设计】

【乐器选择与演奏建议】

逗号：小鼓。

圆点：响板。

弧线：铃鼓摇奏法。

演奏的节奏型与图形谱的表达一致。

1. 在教师给出的三件乐器中分别挑选出与逗号、圆点、弧线的形象相匹配的乐器。

2. 在教师的指挥下，三组幼儿合作演奏乐器。

1. 数量相同的小鼓、响板、沙球。

2. 音乐 CD。

1. 教师出示图形谱。

（1）引导幼儿观察图谱，并说出图谱上有什么符号。

（2）提问：图谱中的这些符号有没有重复的地方？是怎么重复的？

2. 教师引导幼儿在符号与音乐之间建立关系。

（1）原来这些符号画的是音乐，我们听听它们画得好不好？（听音乐）

（2）请幼儿用手在空中用这些符号把音乐画出来。（边听音乐边徒手做动作）

（3）符号重复，音乐怎么样呢？

3. 教师拿出响板、小鼓、沙球或沙蛋三种乐器，与幼儿讨论哪种乐器适合哪种符号。

4. 在教师的指挥下，幼儿做模仿拿乐器的徒手动作进行徒手演奏。

5. 在教师的指挥下，幼儿拿乐器演奏。

活动七 春

音乐材料设计

【乐 谱】

春

[意]维瓦尔第 曲

1=♭E 4/4

A段：

0 1 | 3 3 3 21 5. 54 | 3 3 3 21 5. 54 | 3 45 4 3 2 7 5 7 |

3 3 3 21 5. 54 | 3 3 3 21 5. 54 | 3 45 4 3 2 0 1 |

5 43 45 6 5 1 | 5 43 45 6 5 1 | 6 5 4 3 21 2 |

1 0 1 5 43 45 | 6 5 1 5 43 45 | 6 5 1 6 5 4 | 3 21 2̃ 1 ‖

B段：鸟叫声

A段：

0 1 5 43 45 | 6 5 1 5 43 45 | 6 5 1 6 5 4 | 3 21 2̃ 1 ‖

C段：水流声

A段：

0 1 5 43 45 | 6 5 1 5 43 45 | 6 5 1 6 5 4 | 3 21 2̃ 1 ‖

D段：打雷声+鸟叫声

A段：

0 1 5 43 45 | 6 5 1 5 43 45 | 6 5 1 6 5 4 | 3 21 2̃ 1 ‖

E段：鸟叫声+纯弦乐声+水流声

A段：

0 1 | 5 43 45 6 5 1 | 5 43 45 6 5 1 | 6 5 4 3 21 2 |

1 0 1 5 43 45 | 6 5 1 5 43 45 | 6 5 1 6 5 4 | 3 21 2̃ 1 ‖

【作品句段结构分析】

此曲为回旋曲式，但A段在回旋时有简化。下面为此曲的句段结构图，大写字母表示大段，小写字母表示乐句：

A ｜ B ｜ A ｜ C ｜ A ｜ D ｜ A ｜ E ｜ A ‖
ab　a　a　a　a　a　b　a　abc　a

【图谱设计】

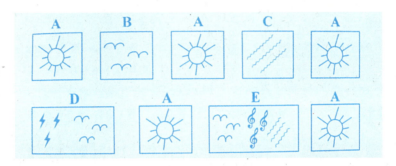

【动作建议】

A段a：

第1小节：用 ×　×　×　- 节奏型拍手。

2—6小节：同第1小节。

A段b：

第1小节：用 ×　×　×　- 节奏型拍手。

第2小节：同第一小节。

第3小节：用 ×　-　×　× 节奏型拍手。

4—6小节：同第3小节。

第7小节：同第1小节。

B、C、D、E段：

分别做小鸟、流水、打雷等形象的模仿动作。

【打击乐演奏建议】

A段用拍手的节奏型演奏鼓类乐器。

B、C、D、E段，按每段形象选择音效适宜的乐器。

活动目标

1. 在教师的引导下，为每张图片配上合适的身体动作。
2. 在教师的引导下，为作品中的各种形象选择合适的乐器并说出选择的理由。
3. 在教师的指挥下，合作演奏。

活动准备

1. 各类打击乐器与自制乐器若干，提供人手一个的鼓类乐器。
2. 音乐CD。

活动过程

第 一 课 时

1. 出示图片、打乱秩序排放，请幼儿边听音乐边为图片排序。
（1）出示图片，提问图片上都有什么？
（2）有一个音乐讲的就是图片上的事，但是需要小朋友帮忙把顺序排一排。
（3）按照准确的图片顺序，边看图片边听一遍音乐。
2. 学习每张图片的身体动作表演。
（1）教师直接为"太阳"图片配上了拍手动作，请小朋友模仿学习。
（2）请小朋友为另外四张图片配上身体动作。
（3）跟着音乐在教师示范下完整地表演身体动作。
3. 跟着音乐完整地完成身体动作表演。
（1）A段教师给予示范，其余段落在教师语言提醒下表演。
（2）所有段落在教师语言提醒下进行身体动作表演。
（3）教师尽可能退出，幼儿独立地进行身体动作表演。

第 二 课 时

1. 幼儿独立地进行身体动作表演。

（1）教师给予语言提醒，幼儿进行身体动作表演。

（2）教师退出，幼儿独立地进行身体动作表演。

2. 教师与幼儿讨论图片内容与乐器的匹配。

（1）教师与幼儿讨论："太阳"图片用什么乐器演奏比较合适，应该如何演奏。

（2）教师与幼儿讨论：其余四张图片用哪些乐器演奏比较合适，应该如何演奏。

3. 幼儿分组并合作演奏。

（1）根据乐器种类分组，每组幼儿单独练习。

（2）各组跟着音乐在教师指挥下，合作演奏。

（3）交换乐器，再次进行合作演奏。

活动八　孙悟空救人

音乐材料设计

【乐　谱】

孙悟空救人

（单簧管波尔卡）

1＝♭B $\frac{2}{4}$　　　　［波］普罗修斯卡曲

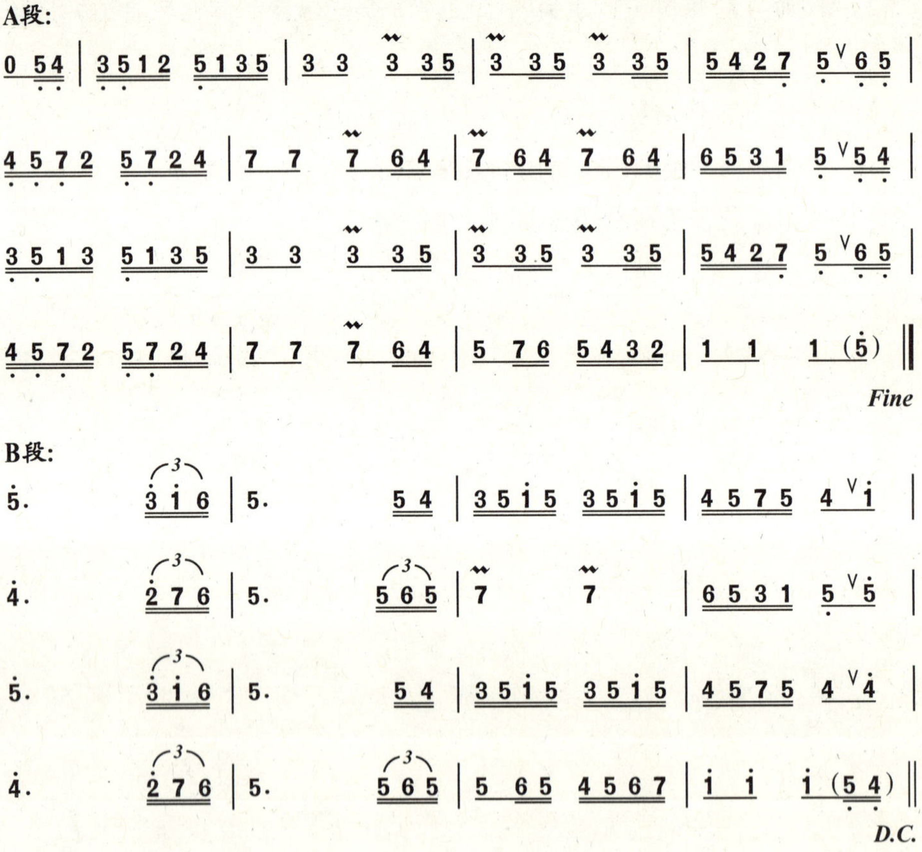
A段:
Fine
B段:
D.C.

【音乐句段结构分析】

此曲为A、B、A三段体，曲式结构分析图如下，其中大写字母表示段落，小写字母表示句子：

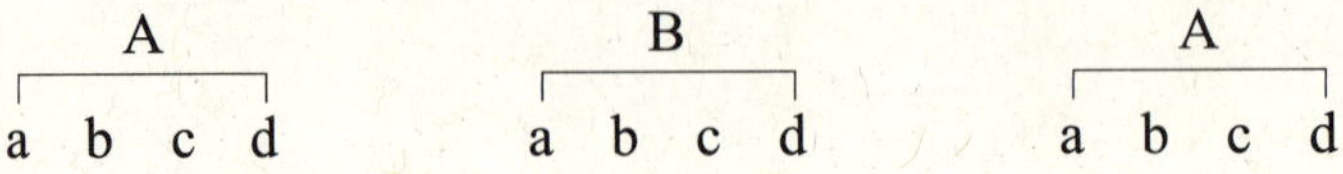
A
a b c d
B
a b c d
A
a b c d

【音乐内容形象】

孙悟空得到师傅唐僧被天兵天将抓到天宫的消息,赶紧翻上筋斗云去救师傅。孙悟空得到猪八戒被妖怪捉到山洞的消息,赶紧钻山洞爬树去救猪八戒。孙悟空得到沙和尚被绑在海底龙宫的消息,赶紧游泳去救沙和尚。

【图　谱】

【图　片】

唐僧图片

孙悟空图片

猪八戒图片

沙和尚图片

【动作设计】

A段：

1—4小节：手做猴子造型动作，脚在第一完整小节的重拍跳一下表示翻上筋斗云，其余小节每一节做一次看的动作。

5—8小节：同1—4小节。

9—12小节：同1—4小节。

13—16小节：同1—4小节。

B段：

1—2小节：做钻山洞动作。

3—4小节：做爬树动作，每拍爬一次，共爬四次。

5—8小节：同1—4小节。

9—12小节：同1—4小节。

第十三至十六小节：同1—4小节。

A'段：

1—4小节：做游泳动作，一节小做一次，共四次。

5—8小节：换一个游泳动作，动作频率同1—4小节。

9—12小节：再换一个游泳动作，动作频率同1—4小节。

13—16小节：再换一个游泳动作，动作频率同1—4小节。

【打击乐选择与演奏建议】

用铃鼓一种乐器，通过摇奏与敲奏的变化表现所有的故事情节。

A段：

1—4小节：在第一个完整小节的重拍处敲击一下铃鼓，其余小节每一小节的重拍摇一下铃鼓。

后面小节：同1—4小节。

B段：

1—2小节：摇铃鼓。

3—4：敲击铃鼓，每拍敲一次，共敲四次。

后面小节：同1—4小节。

A'段：

1—4小节：第一小节的重拍敲击铃鼓，第二、三、四小节摇铃鼓。

后面小节：同1—4小节。

第一课时 欣 赏

活动目标

1. 针对孙悟空救人故事，创编孙悟空救人的动作。
2. 在音乐中完成孙悟空救人的故事表演。

活动准备

1. 图谱一张，在图谱的每一行后面贴上相应的角色图片。
2. 教师挂一张孙悟空图片，表示是孙悟空。
3. 音乐CD。

活动过程

1. 介绍孙悟空。

（1）教师向幼儿请教：孙悟空有哪些本领？并请幼儿把孙悟空的本领用动作表示出来。

（2）教师介绍孙悟空今天要用出来的本领，并请幼儿用动作表示。

2. 讲孙悟空救人的故事，请幼儿用动作表演这一故事。

（1）请全体幼儿在教师语言讲解过程中用身体动作表演这一故事。

（2）请集体表演中表现力出色的幼儿展现他们的表演，教师提升身体动作的质量。

（3）请全体幼儿再表演一遍这个故事。

3. 在音乐中表演故事。

（1）请幼儿在音乐中分段表演故事。

① 出示第一段音乐，请幼儿完成在音乐中踩着筋斗云去救师傅的表演。教师

指导并提升幼儿动作的频率与合拍性。

② 出示第二段音乐,请幼儿完成在音乐中钻山洞与爬树去救猪八戒的表演。教师指导并提升幼儿动作的频率与合拍性。

③ 出示第三段音乐,请幼儿完成在音乐中做游泳动作去救沙和尚的表演。教师指导幼儿变换游戏动作并提升幼儿动作的频率与合拍性。

(2) 全体幼儿在完整的音乐中表演。

① 教师的评价指向角色扮演的生动性、游泳动作的变化性。

② 对身体动作是否与音乐合拍不需要用语言评价,主要通过示范提醒。

第二课时 打击乐演奏

活动目标

1. 为孙悟空救人时的不同动作匹配上铃鼓的不同演奏方式。
2. 在教师的指挥下能合乐、有表现力地集体演奏。

活动准备

1. 欣赏活动使用过的图谱与图片。
2. 人手一只铃鼓。
3. 音乐 CD。

活动过程

1. 用身体动作表现孙悟空救人的故事情节。

(1) 教师出示图谱与图片,唤醒幼儿记忆。

(2) 集体用身体动作表现孙悟空的故事。

2. 熟悉铃鼓的几种演奏方式。

(1) 请幼儿自由演奏铃鼓,讨论铃鼓有哪些不同的演奏方式。

(2) 幼儿边尝试不同的演奏方式边用语言表达出是什么演奏方式。

（3）教师边示范边总结：敲击、上下摇、画圈摇。

3. 与幼儿讨论孙悟空的救人动作如何与铃鼓演奏方式匹配。

（1）讨论：翻上筋斗云与看的动作，铃鼓可以怎么演奏；尝试演奏。

（2）讨论：钻山洞与爬树的动作，铃鼓可以怎么演奏；尝试演奏。

（3）讨论：游泳的动作，铃鼓可以怎么演奏；尝试演奏。

（4）教师总结最后的讨论结果。

4. 全体合作演奏。

（1）在教师的示范下幼儿合着音乐完整演奏。

（2）在教师的指挥下幼儿合着音乐完整演奏。

活动九　洗　衣　服

（杭州市富阳区富春第三幼儿园　汪艳芳 执教）

 音乐材料设计

【乐　谱】

洗　衣　服
（洗手帕）

1=F 4/4

佚　名曲

1 13　1 13　1 3　5 ｜ 5 53　5 53　5 3　1 ｜ 1 1 1 6　5. 6　1 1 1 6　5 ｜

6 6 6 5　3. 5　6 6 6 5　3 ｜ 1 13　1 13　1 3　5 ｜ 5 53　5 53　5 1　1 ‖

 活动目标

1. 能用一下一下洗与连续洗的动作来表达快节奏与慢节奏的乐句。
2. 在享受洗、刷活动乐趣的同时，关注洗、刷声音的变化与协调。

 活动准备

1. 人手一个当作衣服的"塑料袋"。
2. 人手一把刷子。
3. 四人一把雨伞。
4. 音乐CD。

 活动过程

1. 衣服脏了的情境导入。
（1）教师：宝宝换下很多脏衣服，谁洗呢？（妈妈）宝宝自己会不会洗呢？

(宝宝)会!

(2)教师:怎么洗?

2.幼儿观察洗衣服。

(1)教师合乐示范:泡湿衣服,擦肥皂,(引子)先慢慢地一下一下地搓,(慢节奏的第一句)再快快地搓,(快节奏的第二句)最后再慢慢地一下一下地搓。(慢节奏的第三句)

(2)教师提问:

① 在搓衣服之前,我们先要干什么?

② 擦好肥皂以后,先怎么搓?再怎么搓?最后怎么搓?

(3)幼儿徒手洗衣服。

3.幼儿洗、抖、刷衣服。

(1)洗衣服并尝试感受到音乐句子的不同。

① 请幼儿有序地每人拿一件"衣服",(塑料袋)按洗衣步骤洗一次衣服。

② 第二次洗衣服,教师加上倾听搓衣服声音的要求。

③ 请幼儿说说"一下一下搓"与"快快地搓"的声音有什么不同,什么时候"一下一下搓",什么时候"快快地搓"。

(2)抖衣服。

① 现在衣服洗好了,我们要晒衣服了。在晒衣服时我们需要把衣服抖一抖,把衣服上的水抖掉。

② 教师语言表达:我们需要先把衣服提起来,然后慢慢地抖,再快快地抖,最后再慢慢地抖。

③ 教师:哪个小朋友能够跟着音乐来抖衣服?

④ 请个别幼儿表演。

⑤ 请全体幼儿表演。

(3)刷衣服。

① 教师:衣服很脏很脏,搓都搓不干净,我们就需要用刷子刷。

② 教师:谁知道怎么用刷子刷衣服?

③ 请个别幼儿表演。

④ 请所有幼儿有序地拿刷子。

⑤ 全体幼儿刷衣服。

4. 合作刷雨伞。

（1）四个小朋友围着一把雨伞。

（2）教师的要求：一起开始刷，听到一下一下刷的声音，听到快速刷的声音。

（3）幼儿合作刷雨伞。

二、中班打击乐教育活动设计实例

活动一 大马告诉我

【曲 谱】

大马告诉我

潘振声词曲

1=D 2/4

| 5 3 5 3 | 2 2 1 | 2. 1 6. 1 | 5 — |
| 大 马 大 马 告诉 我， 哎 格 龙 咚 哟。

| 1 1 6. 5 | 5 5 3 | 2. 1 6. 1 | 2 — |
| 为 啥 走 路 呱 哒 哒， 哎 格 龙 咚 哟。

| 3 3 2 3 | 5 5 5 | 6. 6 6 5 | 3 — |
| 我 穿 四 只 铁 鞋 子， 哎 格 龙 咚 哟。

| 2 1 2 3 | 5 5 5 | 6. 5 3 2 | 1 — ‖
| 跑 来 跑 去 呱 哒 哒， 哎 格 龙 咚 哟。

【演奏的节奏型建议】

问与答句：×× ×× ×× ×

合句：× × × —

第一课时 歌 唱

1. 通过视频、语言表演、歌唱表演，理解"问答合"的歌唱表演方式。
2. 用"问答合"的表演方式歌唱歌曲。

活动准备

1. 马奔跑的音效录音。
2. 《刘三姐》电影中插曲《对歌》的片断。
3. 一位配班教师。
4. 各类打击乐器各一件。
5. 音乐CD。

活动过程

1. 讨论马奔跑的声音。

（1）教师放马奔跑的音效录音，请幼儿猜这是什么声音？（马）

（2）教师追问：同样是动物奔跑，为什么马的声音那么响而猫却声音很轻？（马蹄子与猫爪子的区别）

（3）教师请幼儿在一堆乐器中选择合适的乐器，表达马蹄子的声音。

2. 讨论"问答合"的艺术表演方式。

（1）教师播放"问答合"表演方式的民歌。（《五朵金花》插曲）

（2）教师与幼儿讨论：他们在干什么，（唱歌）他们是怎么唱歌的。（一个人在问，一群人在合；一个人在答，一群人在合）

3. "问答合"歌曲的感受。

（1）现在我要做问的人，配班教师做答的人，你们（幼儿）做合的人。

（2）幼儿学习合的语言"哎格龙咚哟"。

（3）执教教师扮演问马的人，配班教师扮演马，幼儿扮演合的人。全体用语言的方式表演一次。

（4）进入歌唱形式的表演，教师始终给幼儿歌唱的示范。

4. "问答合"歌曲的表现。

（1）执教教师、配班教师、幼儿三类角色合作表现。

（2）请一位幼儿做问者，一位幼儿做答者，全体幼儿做合者，合作表现。

（3）分男女两个阵营表现。女孩子推选一个问者，其余做问小组的合者；男孩子推选一个问者，其余做答小组的合者。

第二课时 打击乐演奏

活动目标

1. 为问、答、合三种角色配上合适的乐器与演奏方式。
2. 用"问答合"的演奏方式合作演奏歌曲。

活动准备

1. 各类打击乐器各五到六件。
2. 音乐 CD。

活动过程

1. 复习表演歌曲，表现出问、答、合三种角色的各自特征。

2. 把对"问答合"的歌唱表达方式迁移到打击乐演奏中。

（1）教师的提问与幼儿的讨论、回答。

① 如果把这首歌的歌唱变成打击乐演奏，你们觉得问的这个人应该用什么乐器？怎么敲？

② 合的人应该用什么乐器？怎么敲？

③ 马儿的回答应该用什么乐器？怎么敲？

（2）针对幼儿的各种建议进行演奏，最后推荐一种大家觉得最合适的一种配器与演奏方式。

（3）把幼儿分成三组，各承担一种角色。

（4）每组进行练习。

3. "问答合"的打击乐演奏。

（1）教师指挥三组合起来完整表演。

（2）讨论表演过程中的问题与解决办法。

（3）三组合作再次表演。

（4）换角色表演。

活动二 加 油 干

【曲 谱】

加 油 干

陕北民歌

$1=\flat B \quad \frac{2}{4}$

| 2 2 2 1 6 | 2 2 | 5 2 2 1 6 | 5· 5 | 6 2 2 2 2 3 2 1 |
| 加油 干那么 嗨 嗨， 加油 干那么 嗨 嗨， 老师 和小朋友们

| 6 6 6 1 2 2 2 2 | 5 5 4 5 6 | 1 1 6 5 6 5 3 | 2 2 ‖
| 柴里里里 嚓啦啦啦 嚓罗罗罗 嗨， 加油 干 那么 嗨 嗨。

【演奏节奏型建议】

领句与合句都用节奏型：x x | x x ｜。

领句与合句的演奏区别：只是乐器类别与乐器量多少的不同。

1. 通过视频、语言表演、歌唱表演，理解劳动号子的表演方式。
2. 用劳动号子的表演方式歌唱歌曲。
3. 用劳动号子的表演方式演奏歌曲。

1. 劳动号子演唱视频。
2. 大积木。
3. 各类打击乐器五件左右。
4. 音乐 CD。

活动过程

1. 讨论视频中的歌曲演唱方式。

（1）教师播放视频，提问：他们在干什么？（唱歌，劳动）

（2）教师总结：一边唱歌一边劳动。

2. 教师设置造房子的劳动情境，请幼儿搬木头。（大积木）

（1）请三个幼儿搬一个木头，搬不动。

（2）教师提问：怎么才能把力气往一块使？（一个人指挥，喊口令）

（3）在教师指挥口令下，幼儿搬木头。（大积木）

3. 在假想的搬运情境中，歌唱劳动号子。

（1）教师：现在我们全体一起搬材料，我是喊口令的人，大家跟着我劳动。

（2）教师示范歌唱《加油干》，请幼儿发现哪些地方是大家用力一起唱的。

（3）明确领唱与合唱的分工后，教师提示幼儿进入劳动情境。坐在位置上，由教师领唱、幼儿边劳动边合唱歌曲。

（4）请幼儿站立，边劳动边歌唱。

（5）特别练习"柒里里里嚓啦啦啦索罗罗罗嗨"这一句，以便大家力气用在一起。

（6）请几位幼儿领唱，大家一起表演一次。

4. 为劳动中歌唱的歌曲配上打击乐器。

（1）领唱应该用什么乐器？大家的齐唱应该用什么乐器？应该怎么演奏？

（2）根据幼儿的建议进行演奏。

5. 以劳动号子的方式演奏。

（1）几位幼儿为领奏，其余幼儿齐奏，完整演奏。

（2）评价我们的演奏在劳动中是否能够起到一起用力的作用；有什么问题，怎么解决。

（3）根据评价结果与建议，再次演奏。

活动三　大花猫和小老鼠

音乐材料设计

【曲　谱】

大花猫和小老鼠

佚　名词曲

$1=D \dfrac{2}{4}$

1·	1	5	6	1	0	1·	1	5	6	1	0
一	只	小	老	鼠，	（哟）	瞪	着	小	眼	珠，	（哟）

| 1· | 1 | 5 | 6 | 1· | 2 | 3 | 5 | 2· | 1 | 5 | 7 | 1 | 0 |

呲　着　两　颗　小　　牙，　长　着　八　字　胡。（哟）

5· 5 5 5 ｜ 1 0 ｜ 2· 1 2 3 ｜ 1 0 ｜
一　只　大　花　猫，（哟）　喵　喵　喵　喵　喵，（哟）

1· 1 5 6 ｜ 1· 2 3 5 ｜ 2· 1 5 7 ｜ 1 0 ‖
吓　得　老　鼠　赶　　快　　往　回　　跑。（哟）

【乐器选择建议】

小老鼠：响板。

大花猫：铃鼓（敲）或小鼓。

"哟"：小锣。

【演奏节奏型建议】

响板：x　x　｜x　0　｜

鼓：x　x　｜x　0　｜

小锣：0　0　｜0　x　｜

活　动　目　标

1. 通过图片、语言表演的方式，理解领唱与齐唱交替的演唱方式。

2. 用领与齐的方式歌唱歌曲。

3. 用领与齐的表演方式演奏歌曲。

活 动 准 备

1. 小老鼠与大花猫的图片。

2. 响板、铃鼓或小鼓若干，小锣或小钹人手一件。

3. 音乐 CD。

活 动 过 程

1. 出示老鼠与猫的图片，请幼儿用身体动作表现这两种动物。

（1）出示老鼠图片，请幼儿用身体动作表现。

（2）出示老猫图片，请幼儿用身体动作表现。

（3）教师总结老鼠与老猫身体动作表现的基本特征。

2. 表现歌曲中的老鼠与老猫形象。

（1）教师范唱歌曲，请幼儿找出这首歌曲一共出现了多少角色。

（2）教师总结：小老鼠、大花猫、齐唱的人。

（3）教师与幼儿一起讨论如何扮演好小老鼠与大花猫这两个角色。

（4）不分角色集体表演。

（5）请几位幼儿扮演老鼠，几位扮演花猫，其余扮演齐唱者，合作表演。

3. 为这首歌曲配器与演奏。

（1）教师与幼儿讨论：小老鼠、大花猫与齐唱，各自用什么乐器来表现比较合适，应该怎样演奏。

（2）凡幼儿提出建议都需说明理由，全班幼儿为各种建议进行合作演奏。

（3）根据所有幼儿的建议，最后确定最理想的方案。

（4）幼儿合作演奏。

活动四 荷包蛋

（宁波市江东实验幼儿园 翁晓燕 执教）

 音乐材料设计

【乐 谱】

荷 包 蛋

选自《儿童智慧音乐》

1=F 2/4

（此处为乐谱，含旋律与打击乐节奏）

歌词：
煎蛋 煎蛋 煎蛋冒烟，煎蛋 煎蛋 煎蛋冒烟，煎蛋 煎蛋 煎蛋冒烟。看看看，闻闻闻，吃吃吃，笑笑笑。看看看，闻闻闻，吃吃吃，笑笑笑。

【作品分析】

这首作品《荷包蛋》选自《儿童智慧音乐》，重点是让幼儿迁移自己的生活经验与音乐相匹配，用动作、语音和乐器表现音乐。我们用煎荷包蛋和品尝荷包蛋的生活经验去欣赏音乐、表现音乐。这样的设计是让幼儿有目的地观赏生活经验并进行大胆表现，同时，在表现的过程中有意识地与音乐更好地匹配。

【图　谱】

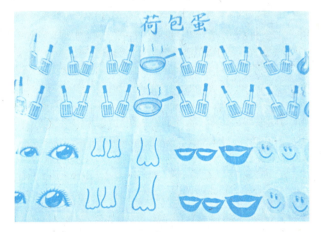

图一

图二

图三

【动作建议】

前奏：右手拿好铲子，左手叉腰，点头做准备。

A段：（煎荷包蛋）

1—4小节：前三小节每一个小节左右翻炒一次；第4小节，双手向上举、抖动手腕，做冒烟状。

5—8小节：同1—4小节。

9—12小节：同1—4小节。

13—16小节：同1—4小节。

B段：（品尝荷包蛋）

第16小节：用手点眼睛三下，表示看一看。

第17小节：用手点鼻子三下，表示闻一闻。

第18小节：用手点嘴巴三下，表示吃一吃。

第19小节：用手点脸三下，表示笑一笑。

【乐器选择与演奏建议】

请看图三。

活动目标

1. 初步熟悉乐曲的旋律，幼儿能用身体动作和语言节奏表现音乐。

2. 能看图谱随音乐用身体动作、语音节奏来表现音乐，并控制好自己的动作和声音。

3. 初步尝试用打击乐为音乐伴奏，体验合奏的乐趣。

活动准备

1. 图谱三张。

2. 铃鼓、小铃、响板，各三分之一。

3. 音乐CD。

活动过程

1. 结合幼儿经验引出主题过程。

教师:你吃过荷包蛋吗?在煎荷包蛋的时候动作是怎样的?

2. 初步感知音乐。

(1)教师:请你看看我这个大厨师是怎么煎荷包蛋的?

(2)幼儿学习动作。

(3)再次感知音乐,我煎了几个荷包蛋?

3. 熟悉图谱,结合图谱学习音乐。

(1)出示图谱。

(2)理解图谱中各个图形表示的意思。

(3)结合图谱动作学习第一段。

4. 看图谱表演第二段。

(1)看图谱念叠声词。

教师:这还有一个煎美味荷包蛋的秘籍,我们来看看。

(2)出示图谱学习节奏。

教师:荷包蛋煎好了,我们来看一看,我们的荷包蛋漂亮吗?

再来闻一闻,我们的荷包蛋香不香?

最后,吃一吃我们的荷包蛋好吃吗?

(3)教师把我们品尝荷包蛋的过程也画下来了,我们一起来说一说吧。

(4)我们跟着音乐看图谱,完整地来表演一遍煎荷包蛋吧。

5. 打击乐表演。

(1)出示打击乐器。

教师:看我们煎蛋这么高兴,乐器们也要来参加,看看他们是谁?

(2)分段练习。

(3)分组练习。

(4)合奏。

活动五 五月五

（宁波市江东实验幼儿园 周 潜 执教）

【音乐材料设计】

【曲 谱】

五月五

中国民间歌曲

$1=C \dfrac{4}{4}$

(5 5 i. 6 | 3 3 5. 3 | 2 2 3532 | 1 1 1 -) |

3 3 5 - | i 3 5 - | 5653 2 - | 53 2 5 3. |
X X X， X X X， X X X， X X X，

3 32 3 5 | 6 6 5 - | 3 32 3 5 | 22 22 1 - ‖
咚 咚 咚 咚，咚 咚 咚， 咚 咚 咚 咚，咚咚 咚咚 咚。

【作品分析】

《五月五》是一首节奏明快的幼儿打击乐曲。歌曲描绘了端午节龙舟竞渡、生机勃勃的美丽景象。整首歌曲是用闽南语演唱的，幼儿没法听懂意思，但是里面有一句衬词"咚咚咚咚，咚咚咚，咚咚咚咚，咚咚咚咚咚"，贯穿了整首歌曲，并表现了整首歌曲的节奏型。我们通过提炼这一句衬词表达的节奏型，尝试让幼儿学习这一固定节奏型。

【图 谱】

【动作建议】

1. 乐曲共分三部分：前奏、闽南语演唱、鼓声唱词。

2. 前奏是休息时段，幼儿听音乐按节奏点头。

3. 闽南语演唱时段，幼儿按节奏做划船动作。

4. 鼓声衬词段，幼儿在小鼓上敲出衬词的节奏型。（图谱一、二、三、四连贯）

5. 随音乐循环一次。

活动目标

1. 熟悉四组节奏型 × × × －，× × × －，× ×× × －，×× ×× × －，并能在分组掌握的基础上调换顺序组合成任意的节奏句型。

2. 聆听音乐，能从歌词中找出正确的节奏句型，并以固定节奏的方式为整首歌曲配节奏。

活动准备

1. 节奏图卡，音乐录音。

2. 乐器：鼓。（数量和幼儿人数相等）

活动过程

1. 节奏图卡游戏。

（1）出示节奏图卡1，请幼儿说说图卡上画着什么，鼓会发出怎样的声音。师幼一起用"咚"来念出节奏型，并和着节奏用手拍腿来表示敲鼓的动作。

（2）以同样的方式逐一出示其他三张节奏图卡。

（3）教师出示任意一张节奏图卡，请幼儿用拍腿拍出正确的节奏。

（4）排序游戏：教师将四张图卡顺序调换，组合出任意的节奏句型，幼儿拍出节奏。

2. 寻找并学习固定节奏型。

（1）幼儿完整聆听音乐一遍。

（2）聆听第二遍音乐，请幼儿在音乐中找出衬词唱段 ×× | × - | ×× | × - | × ×× | × - | ×× ×× | × - | 的节奏句型，并且用四张节奏图卡正确地排出来。

（3）拍出固定节奏型 ×× | × - | × × | × - | × ×× | × - | ×× ×× | × - | 两遍，加深幼儿对节奏的熟悉。

（4）聆听第三遍音乐，在衬词唱段拍出固定节奏型。

（5）播放音乐，幼儿从头到尾用固定节奏为歌曲伴奏。

3. 情境引入。

（1）向幼儿介绍乐曲的名称，讨论端午节的民俗。

（2）播放端午节龙舟竞渡的视频，讨论看到了什么。（整齐划桨、鼓手敲鼓、船员的装束等）

（3）幼儿戴上毛巾包头，抱着鼓坐在场地上事先贴好的范围内，跟着音乐敲鼓伴奏。

活动六　胡桃夹子进行曲

【音乐材料设计】

【乐　谱】

胡桃夹子进行曲

［俄］柴科夫斯基曲

(乐谱略)

【音乐句段结构分析】

《胡桃夹子进行曲》是由柴科夫斯基作曲的芭蕾舞剧《胡桃夹子》中的一首曲子。原曲为A、B、A复三段曲式，其中A大段由a、b、a三段曲式构成。由于原曲中的段落重复多，全曲时间对中班幼儿而言太长，所以做了删减处理。经过处理的《胡桃夹子进行曲》曲式结构图如下：（大写字母表示大段落，小写字母表示小段落）

A ｜ B ｜ A ｜
a b a　　　 a b

【声势动作设计】

整首曲子用动作打拍时，两拍当作一拍。

A段a：节奏型 x - - -；动作：像双手敲对钗一样夸张地拍手，两小节拍一次。

A段b：节奏型 二分音符 x - x -；动作：一小节拍一次手。

B段：节奏型 x - x x；动作：两拍当作一拍拍手。

【乐器选择与演奏建议】

A段a：小钗，演奏节奏型：x - - -。

A段b：铃鼓，使用敲奏法；演奏节奏型：x - x -。

B段：响板，演奏节奏型：x - x x。

1. 在教师给出的四类打击乐器中选择与声势动作特征最接近的乐器进行演奏。
2. 在教师的指挥下全体幼儿合作完成演奏。

1. 剪辑《胡桃夹子进行曲》中最具代表性的芭蕾片断。
2. 四类乐器，其中小钗、铃鼓、响板数量足够三分之一幼儿使用。
3. 多媒体播放设备。
4. 幼儿已经了解四类乐器的演奏方法与音响特征。

第一课时 欣 赏

1. 呈现《胡桃夹子进行曲》的芭蕾视频。

（1）讨论芭蕾舞不同于其他舞蹈的地方。

（2）教师：下面的这个芭蕾舞中，演员在跳舞时出现了几种快慢不同的跳法，我们看看有几种。（身体转圈腿一伸一弯；身体跃起双腿在空中劈叉；身体蹲起双脚

快速蹦跳)

2. 教师把芭蕾舞演员的跳法转换成拍手法,请幼儿一一对应。

(1) 教师:这些跳法太难了,我们做不了。老师把这些脚的跳法改成拍手法,你们找出我的拍手法与哪一种跳法相对应。

(2) 幼儿根据跳法特点寻找对应的拍手法。

(3) 请幼儿在跳法特征的提示下进行拍手。

3. 加上音乐拍手。

(1) 在教师的示范引导下,全体幼儿在音乐中用声势动作完整表演。

(2) 在教师的语言提醒下,全体幼儿声势表演。

第二课时 打击乐演奏

活动过程

1. 全体幼儿在音乐中进行声势动作表演。

2. 请幼儿为拍手动作选择合适的演奏乐器。

(1) 教师:老师这里有各种各样的乐器,我们要为每一种拍手的方式找到一件乐器来演奏。

(2) 为节奏型是 x - - - 的拍手动作寻找合适的演奏乐器。

(3) 为节奏型是 x - x - 的拍手动作寻找合适的演奏乐器。

(4) 为节奏型是 x - x x 的拍手动作寻找合适的演奏乐器。

3. 分组徒手练习。

(1) 在教师的指挥下幼儿分组徒手练习。

(2) 讨论在徒手演奏过程中有困难的地方。

(3) 改进与解决困难后再次徒手演奏。

4. 分组拿乐器演奏。

(1) 教师指挥幼儿分组合作演奏。

(2) 讨论在用乐器演奏时有困难的地方。

(3) 根据改进建议再次合作演奏。

(4) 换乐器演奏。

活动七 丰收的喜悦

音乐材料设计

【乐　谱】

丰收的喜悦
（喜洋洋）

1 = B 2/4

刘明源曲

A段：

| 5 5 5 6　5　3 2 | 5 5 5 6　5　3 2 | 5 6 5 3　5 6 5 2 | 3.　2　1 2 3 |

| 5 5 5 6　5　3 2 | 5 5 5 6　5　3 2 | 5 6 5 3　5 6 5 2 | 1 2 6 5　1　5 |

| 3　3 5　2　5 | 3　3 5　2　5 | 4 5 4 3　2 3 2 1 | 7 1 2 5　2 3 2 1 |

| 7 7 7 1　7 7 7 1 | 2　5　4.　3 | 2 3 5 6　3 2 1 5 | 1　0　1　0 |

B段：

| 5.　6 1 | 5.　6　1 2 1 6 4 | 5　- |

| 5.　6　1 2 | 5 2　2 1 | 6 1 6 5　4 5 6 | 5　- |

| 1　1 6 | 5 6　1 2 | 5 6 1 2　5 1 6 5 | 4.　3 2 |

| 5　5　5 1 | 5.　4 3 | 2 3 2 1　7 1 2 | 1　- ‖

【句段结构分析】

原曲结构为A、B、A、B、A，为了符合幼儿注意力时间不宜过长的特点，我们把此曲简化为A、B、A。以下为《喜洋洋》的句段结构图：（大写字母表示段落，小写字母表示句子）

```
     A              过渡        B             A'
  a a' b c                   a b c d      a a' b c
```

【故事设计】

在秋收后的一个晚上,农村男女青年喜气洋洋地敲锣打鼓,跳舞欢庆。有几个男青年敲起了鼓,(第一段a、b'两句)有几个男青年敲起了钹,(第一段b句)有几个男青年敲起了吊钗;(第一段c句)然后,所有的女青年拿着绸带跳起了绸带舞,先是把绸带往头顶甩,(第二段a、b句)然后把绸带往身旁甩;(第二段c、d句)最后男青年又出来了。(第三段重复第一段)

【动作设计】

A段:(男孩表演的动作)

A段a的动作:身体朝向左边,左右手一拍一次轮流做敲鼓状。

A段a'的动作:身体朝向右边,动作与a同。

A段b的动作:一拍一次做敲钹状。

A段c的动作:一拍一次做敲吊钗状。

B段:(女孩表演的动作)

过渡句:身体左右摇晃各一次。

B段ab的动作:彩带抛向头顶,左右手轮流,四拍一次。

B段cd的动作:彩带与腰齐左右平抛,左右手轮流,四拍一次。

A'段为男孩表演的动作:重复A段。

第一课时 欣 赏

活动目标

1. 根据男女角色的分配与动作表现,理解音乐段落的阳刚与阴柔的对比变化。
2. 在音乐中,男女幼儿根据角色要求用身体动作表演故事情节。

活动准备

1. 教师使用的一只鼓、一对对钗、一只吊钗与两条绸带。
2. 多媒体播放设备。

活动过程

1. 教师讲述庆丰收的故事。
2. 教师在音乐中用身体动作表现男女青年庆丰收的情境。
   （1）教师示范。
   （2）教师提问：男青年做了哪些欢庆的动作？女青年做了什么动作？
   （3）请全体幼儿一起学习这些欢庆的动作。
3. 全体幼儿分角色表现庆丰收的场面。
   （1）请男孩子扮演男青年，女孩子扮演女青年，集体表演庆丰收场面。
   （2）全体幼儿讨论与评价男女幼儿的表演情况，并提出改进建议。
   （3）根据改进建议再表演一次。

第二课时　打击乐演奏

活动目标

1. 根据男女角色的分配与动作表现，理解音乐段落的阳刚与阴柔的对比变化。
2. 在音乐中男女幼儿根据角色要求用身体动作表演故事情节。

活动准备

1. 教师使用的一只鼓、一对对钗、一只吊钗与两条绸带。
2. 多媒体播放设备。

活动过程

1. 分男女角色用身体动作表演庆丰收的场面。
2. 为《丰收的喜悦》配上合适的乐器与演奏方式。
   （1）教师提问：男青年的表演用什么乐器比较合适？应该怎么演奏？
   （2）幼儿给出建议，大家讨论与尝试每种演奏，最后确认一种方案。

（3）教师提问：女青年的表演用什么乐器比较合适？应该怎么演奏？

（4）幼儿给出建议，大家讨论与尝试每种演奏，最后确认一种方案。

3.集体分角色演奏。

（1）根据最后确认的方案分男女组徒手表演一次。

（2）拿出乐器，集体合作演奏。

（3）讨论演奏中的问题，提出解决问题的办法。

（4）根据大家的改进建议，再次合作演奏。

活动八　钟表魔法城

（宁波市江东实验幼儿园　赵汝洁 执教）

音乐材料设计

【乐　谱】

钟表魔法城

（切分的时钟）

［美］安德森曲

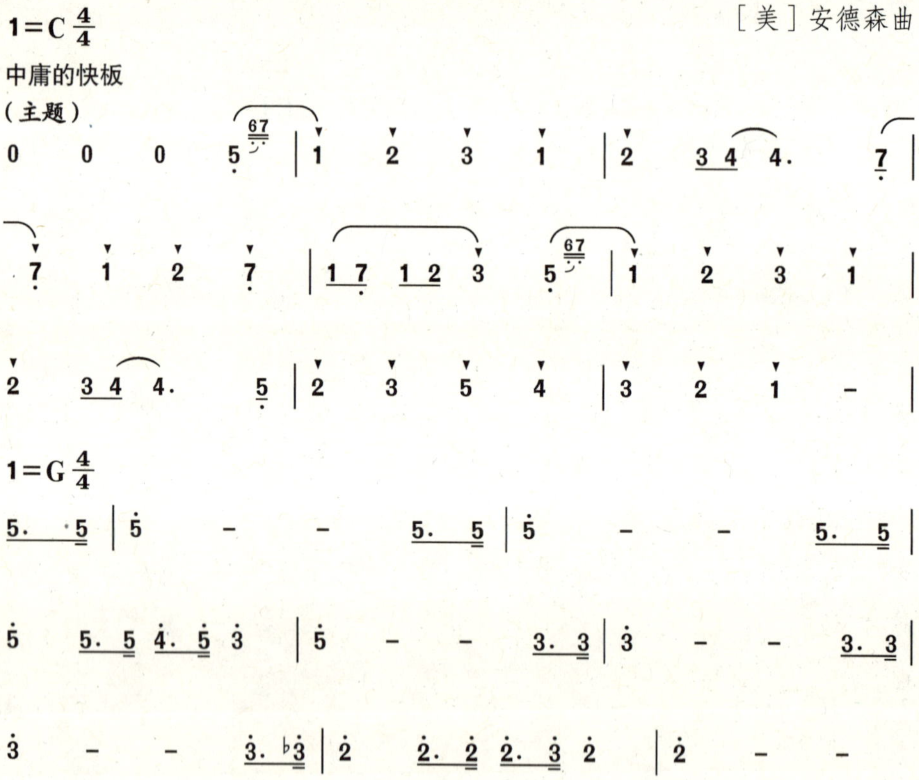
1=C 4/4
中庸的快板
（主题）
1=G 4/4

【作品分析】

音乐作品《调皮的小闹钟》原名《切分的时钟》，是美国著名的作曲家安德森创作的，作品采用回旋曲式写成，我们这里采用的曲子是经过删减处理的 A、B、A 三段式。为了让孩子获得更为清晰、明确的音乐形象，我们选取了原曲中较为明显的三个段落：钟摆走动—闹铃响—钟摆走动。

【图　片】

【身体动作探究预设】

● 钟摆摆动动作的探究：左右摆动，引导幼儿用身体各个部分做左右摆动的动作。

● 创编各类钟表的造型动作：引导幼儿用身体动作表现各类钟表的造型动作。

【打击乐演奏建议】

● 钟摆摆动动作：双响木演奏，演奏方式一拍一次。

● 闹铃声：铃鼓或手铃或三角铁，演奏方式四拍摇一次。

● B段无闹铃声的两小节：每小节做一种闹钟的造型动作。

第一课时　欣赏活动

活 动 目 标

1. 通过各类图片的观察与讨论，幼儿理解钟表的特征与功能。

2. 感受到乐曲中钟摆摆动、闹铃响起、各类闹钟出现的音乐内容形象。

3. 探究用身体动作表现钟摆摆动、闹铃响起、各类闹钟造型，尤其是每一幼儿至少完成四种闹钟造型。

 活动准备

1. "钟表魔法城"的图片和视频。
2. 《调皮的小闹钟》音响资料与播放设备。
3. 队形：双八字形。

 活动过程

1. 带幼儿进入《钟表魔法城》场景，感受音乐内容形象。

（1）教师：今天老师要带大家去一个有趣的地方，叫"钟表魔法城"，你们猜猜钟表魔法城里会有什么？（许多钟表）会有一些什么样的钟表呢？（引导幼儿回忆前期经验中的各种类型的钟表）

（2）引导幼儿用身体动作造型表现各类钟表。

（3）出示动漫图片，请幼儿观察"钟表魔法城"中的一只大钟在干什么？

（4）请幼儿用身体动作表现钟摆摆动的样子。

（5）教师与幼儿讨论家里的小闹钟有什么本领。

2. 出示音乐，探究用身体动作合乐地表现音乐内容形象。

（1）教师完整放一遍乐曲，请幼儿听听这是一首什么样的乐曲。

（2）乐曲里面的小闹钟都做了什么事？

（3）探究用身体动作合乐地表现各种钟摆摆动，教师最后选择一个幼儿的动作作为全班幼儿表演的动作。

（4）探究用身体动作合乐地表现闹铃的动作，教师最后选择一个幼儿的动作作为全班幼儿表演的动作。

（5）探究用身体动作合乐地表现各类小闹钟的造型。

3. 幼儿完整地用身体动作表现乐曲。

（1）在教师示范动作引导下，钟摆摆动动作与闹铃动作全班统一，每个幼儿保留自己的闹钟造型动作，全班合乐表演。

（2）撤离教师示范，在教师的语言指令下，全班合乐表演。

第二课时 打击乐演奏活动

1. 以集体讨论的方式,为钟摆摆动、闹铃声、闹钟造型等身体动作选择合适的乐器。
2. 全班分组合作,有序协调地用乐器表现出乐曲的钟摆摆动、闹铃声、闹钟造型等内容形象。
3. 享受合作演奏才能表现出来的小闹钟生动形象的乐趣。

1. 多媒体放映设备。
2. 与幼儿人数相等的各类乐器:双响木、响板、铃鼓、手铃、三角铁。

1. 复习用身体动作表现小闹钟。
2. 集体讨论,为钟摆摆动、闹铃声、闹钟造型等身体动作选择合适的乐器。
● 当每一个幼儿选择一种乐器时,教师追问选择的理由。最后确认理由最充分、最令人信服的一种选择。
3. 徒手合乐。
（1）集体徒手合乐一次。
（2）分组徒手合乐三次。
4. 分组上前拿乐器。
5. 打击乐演奏。
（1）分组演奏一遍。
（2）解决演奏过程中出现的问题。
（3）轮换乐器演奏。

三、大班打击乐教育活动设计实例

活动一 小象与蚊子

（宁波市江东实验幼儿园 周洁琴 执教）

音乐材料设计

【乐 谱】

小象与蚊子

选自《集体舞》"宾果"音乐

$1=C$ $\frac{4}{4}$ $\frac{3}{4}$

A段：

（X． X X X 0）5 ｜ 1． 1 1 1 1． 1 1 1 ｜ 7． 1 2． 7 5 0 5 ｜

2． 2 2 2 2． 2 2． 2 ｜ 1． 2 3． 2 1 — ‖

B段：

3 1 4．3 2 ｜ 2 7 3．2 1 ｜ 3 1 4．3 2 ｜ 5．5 6 7 1 — ‖

C段：

$\frac{3}{4}$ 1 — — ｜ 4 — — ｜ 4 — — ｜ 7 — — ｜ $\frac{4}{4}$ 1．X X X X 0（5）：‖

D段：

3 5 3 1 ｜ 2 3 4 — ｜ 4 6 6 4 ｜ 3 4 5 — ‖

E段：

3 4 5 5 4 3 4 5 6 6 ｜ 2 3 4 4 3 2 3 4 5 5 ｜

3 4 5 5 4 3 4 5 6 6 ｜ 2 3 4 4 3 2 1 — ‖

C'段：

$\frac{3}{4}$ 1 — — ｜ 4 — — ｜ 4 — — ｜ 7 — — ｜ $\frac{4}{4}$ 1 — — （X）‖

【音乐句段结构分析】

根据需要，我们把此曲分为六段A、B、C、D、E、C'，前奏除外，从完整小节1—4小节为A段，5—8小节为B段，9—13小节为C段，14—17小节为D段，18—

21小节为E段，从22小节到结束又回到C段。

这首曲子的曲式结构分析图如下，其中大写字母表示段落，小写字母表示句子：

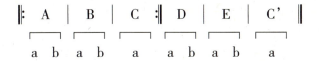

【故事设计】

  一天，一只可爱的小象在森林里散步。这时飞来很多蚊子，它们"嗡嗡嗡"地叫个不停，叫得小象很烦。小象用鼻子赶蚊子，蚊子被赶跑了，小象很高兴，又开始散步了。这时蚊子又飞来了，还是"嗡嗡嗡"地叫个不停，小象很生气，又用鼻子赶蚊子。这次蚊子变聪明了，它们不叫而是直接叮小象：× ×× × - |，
                           看 见了，叮
× ×× × - |。叮完了，喝饱血了，蚊子高兴得跳起舞来了。这
看 见了，叮
次小象真的是气得不行，猛地用鼻子赶蚊子，最后气得直跺脚。

【动作设计】

A段：第1小节，双手十字相交垂下做象鼻子，第一、二拍左脚踏地双手同时移至身体的左边；第三、四拍右脚踏地双手移至身体的右边。

第2小节，双手弹琴状在腰间敲打，一拍一次，共敲打三次，第四拍不做动作。

第3小节，同第1小节。

第4小节，同第2小节。

B段：第1小节，第一、二拍双手上举，上举的同时摇动手掌；第三、四拍双手收回至胸前。

2—4小节，同第1小节。

C段：第1小节，双手十字相交垂下做象鼻子，第一拍双手甩向左肩，第二、三拍收回。

第2小节第一拍双手甩向右肩，第二、三拍收回。

第3、5小节，同第1小节。

第4小节，同第2小节。

D段：第1小节，双手伸出食指并拢放在胸前做蚊子的嘴，第一、二拍不动，第三拍突然向前伸出，第四拍收回。嘴里念：x xx x - |。
　　　　　　　　　　　　　　　　　看　见了，叮

2—4小节，同第1小节。

E段：第1小节，第一拍至第三拍，双手由胸前摇动着上举，举到双臂伸直为止，第四拍收回至胸前。嘴里喊：x x xx xx x |。
　　　　　　　　　　　　　　　　高兴　高兴　高兴

2—4小节，同第1小节。

C'段：（结束段）除最后一拍外，同C段。最后一拍，双手叉腰，双脚跳起。

【图　谱】

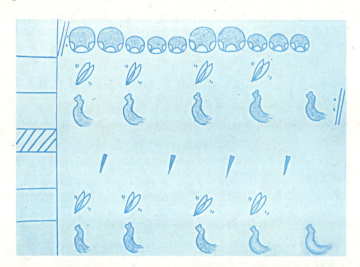

第一课时 欣赏活动

活动目标

1. 根据故事的角色与情节变化,理解音乐的段落变化。
2. 用身体动作合乐地表演故事。

活动准备

● 《小象与蚊子》音响资料与播放设备。

活动过程

1. 教师用语言讲故事。

（1）不配音乐,教师边讲故事边用身体动作表演。

  一天,小象在森林里散步,(做小象的动作)这时蚊子飞来了,(做蚊子飞的动作)小象很生气,甩鼻子赶蚊子。(做小象甩鼻子的动作)蚊子叮小象,(做蚊子叮的动作)叮完后又飞了起来,(做蚊子飞的动作)小象很生气,甩鼻子赶蚊子。(做小象甩鼻子的动作)

（2）幼儿跟着教师学小象与蚊子的动作。

① 小象做了什么动作？（走路、赶蚊子）我们来学学小象的动作。

② 蚊子做了什么动作？（飞、叮）我们来学学蚊子的动作。

2. 在音乐中,教师用身体动作表演故事。

（1）教师边听音乐边表演。

（2）幼儿跟着教师的语言节奏表演,着重于重复与变化。

（3）幼儿跟着教师边听音乐边表演。

（4）幼儿独立表演。

第二课时 打击乐演奏活动

活动目标

1. 运用已有的动作表演经验，探究《小象与蚊子》的配器与演奏方法。
2. 尝试与同伴合作演奏，感受演奏打击乐器的乐趣。

活动准备

1. 多媒体播放设备。
2. 鼓、铃鼓、串铃、手铃、小铃、三角铁等乐器，每种至少四件。

活动过程

1. 用身体动作表演《小象和蚊子》。

（1）整体来表演。

教师："上节课我们欣赏了小象和蚊子的音乐，现在我们一起来表演一下吧！"

（2）分角色表演一遍。

2. 探究身体动作与乐器的匹配。

（1）认识图谱：欣赏一遍音乐，说说图谱分别代表什么。

（2）出示乐器："看看老师带来了几样乐器？"

（3）尝试分组玩一下乐器，感受乐器的声音特点。

① 请个别小朋友说说你觉得什么乐器适合表现大象走路、蚊子飞、蚊子叮和大象生气的样子？教师示范贴一张大的乐器图。

② 分组讨论：将乐器的图片贴在相应的位置上。

讨论：将两组的节奏谱贴在黑板上，并分组请幼儿代表说说自己组是怎么配的，为什么，合适不合适。

3. 尝试乐器演奏。

（1）将操作图谱分还两组，各组尝试看图分乐器演奏，教师提供乐器。

① 看图示自由选择乐器演奏。

②放音乐尝试演奏。教师分组指导。

③前后交换位置演奏。

（2）讨论演奏中的问题及注意事项：关于节奏。

（3）分组展示演奏。

活动二 声音探究

音乐材料设计

【故事与图片设计】

　　一天，小华正蜷曲着身子看书。"小华，"妈妈喊道，"你能帮妈妈去买些牛奶与面包吗？""可以！"小华大声回答。

　　"一定要带上雨伞，天快要下雨了。"妈妈说着给小华雨伞与钱，又说，"也给你自己买一些饼干与果汁吧。"

　　当小华离开家的时候，天就开始下雨了。一开始下的是小雨，雨滴柔和地拍打在雨伞上 　。然后，她听到一声霹雷 　，打在伞上的雨滴就重了起来 　。风也刮了起来，风声开始是细柔的 　，后来越来越重。小华跑了起来 　，一些硬币从她的口袋里掉了出来 　。一个路过的好心阿姨替她捡了起来。

　　小华冲进那商店，门在她身后"砰"的一声 　。她买了她要的东西后急忙回家。出门时她又忘了扶门，门又"砰"的一声 　。

　　回到家，她迫不及待地吃起了饼干 　，喝起了果汁 　。喝到最后，她还拼命地吸着吸管 　。"这是多么不文明的声音啊！"妈妈说道。

活动目标

1. 为故事中的各种音响选择合适的乐器与演奏方式。
2. 为故事配上合适的打击乐音响，全体幼儿与教师合作完成有音效的故事讲述。

活动准备

● 四类打击乐器与自制乐器，每种乐器一到三件。

活动过程

1. 教师用语言讲故事。

（1）讲故事前提问：

故事的主角是谁？妈妈要她做什么事？从小华去商店买东西一直到故事结束，想象一下如果我们与小华在一起，能听到多少声音？

（2）讲故事，幼儿回答。

每当幼儿提到一种声音，教师贴出这种声音的图片。

教师再讲一遍故事，请幼儿边听故事边为这些图片排顺序。

2. 为每张图片配上合适的乐器与演奏方式。

（1）教师出示所有类型的打击乐器。

（2）与幼儿讨论雨声用什么乐器，小雨声怎么演奏，大雨声怎么演奏。

（3）与幼儿讨论噼雷声用什么乐器，怎么演奏。

（4）与幼儿讨论风雷声用什么乐器，怎么演奏。

（5）与幼儿讨论跑步声用什么乐器，怎么演奏。

（6）与幼儿讨论硬币掉地声用什么乐器，怎么演奏。

（7）与幼儿讨论关门声用什么乐器，怎么演奏。

（8）与幼儿讨论吃饼干声用什么乐器，怎么演奏。

（9）与幼儿讨论喝果汁声用什么乐器，怎么演奏。

（10）与幼儿讨论吸吸管声用什么乐器，怎么演奏。

3. 教师讲故事，幼儿合音效。

（1）根据每位幼儿在讨论过程的表现拿乐器，每种乐器二到三人。

（2）给幼儿几分钟时间，每种乐器进行协调一致的演奏和演练。

（3）教师讲故事幼儿加音效，合作一次。

（4）讨论合作过程中的困难之处、不足之处。

（5）根据改进建议再合作表演一次。

活动三　土耳其进行曲

音乐材料设计

【乐　谱】

土耳其进行曲

［德］贝多芬曲

$1=\flat B \quad \frac{2}{4}$

A段：

B段：转 $1=F$

A'段：

【音乐句段结构分析】

此曲为 A、B、A 三段体，曲式结构分析图如下：（其中大写字母表示段落，小写字母表示句子）

```
       A                 B              A'           结尾
   a a' b a"           a a'          a a' b a
```

【图形谱】

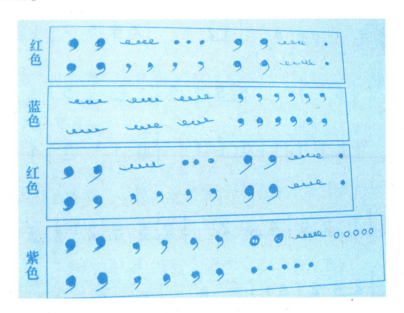

【打击乐演奏建议】

♪：小铃　　○：小铃　　～～～：铃鼓　　•••：木鱼或响板

第一课时　欣　赏　活　动

活 动 目 标

1.能在音乐的伴奏下看着图谱，徒手在空中画出图谱。

2.能看着图谱，分组合作声势动作。

活动准备

1. 《土耳其进行曲》音乐的图谱。
2. 《土耳其进行曲》音乐的音响资料与播放设备。
3. 队形：分三组，双马蹄型。

活动过程

1. 认识图谱中的符号。

（1）教师提问：老师今天带来了一张神奇的画，这张画里面住着三个音乐小精灵，这三个音乐小精灵为我们一起演奏了一首好听的歌曲，现在小朋友们来找找有哪几种小精灵啊？

● 教师逐个指向每个符号并分别提问：这个像什么啊？

● 最后教师总结这是逗号小精灵、波浪线小精灵、点点小精灵、句号小精灵。

（2）追问。

教师：这张画上的逗号精灵都是一样大的吗？（不一样，有大有小）

这张画上的点点精灵都是一样大的吗？（不一样，有大有小）

（3）总结。

（4）这张音乐小精灵的画我们叫它"图谱"。在这张图谱上有逗号精灵、波浪线精灵、点点精灵、句号精灵四种符号，有趣的是逗号精灵有大有小，点点精灵也是有大有小。

2. 认识音乐与图谱的关系。

（1）音乐的出现。

● 教师：小精灵为我们带来了一首什么样的歌曲呢？让我们一起来听一听，听的时候要注意大的逗号精灵和小的逗号精灵有什么区别，大的点点精灵和小的点点精灵有什么区别。

● 教师边放音乐边用手点着图谱。

（2）提问符号。

● 教师：大的逗号精灵和小的逗号精灵有什么区别？（长短、轻重）

● 教师：大的点点精灵和小的点点精灵有什么区别？（长短、轻重）

● 总结：这些符号精灵都表示着音乐的长短、轻重。

注：根据小朋友回答情况决定音乐播放次数。

（3）提问段落。

● 教师：这张图谱的颜色都一样吗？（不一样，有绿、红、蓝、灰）

● 总结：原来一种颜色表示一段，最后的灰色表示尾声。

3. 用身体动作表达音乐。

（1）跟着教师和音乐徒手画四种符号。

（2）声势动作。

● 逗号、句号用来拍手，波浪线用来摇手，点点用来拍腿。

● 集体声势动作表演。

注意：波浪线的摇法和轻重的表现。

● 分组声势动作表演。

注意：一是教师的指挥站位要准确；二是教师的指挥动作要准确、到位。

● 小组循环的声势表演。

注意：一是三组循环；二是在动作循环过程中，教师的指挥动作不要混乱，如果教师换指挥动作困难，换组时可以采用幼儿换座位的方式。

第二课时　打击乐演奏活动

活动目标

1. 能看着图谱分组合作打击乐演奏。

2. 能比较自如地表现尾声的轻重处理，对乐句与乐段的结构表达明确自如。

3. 能够根据要求，探究配器方案。

4. 体验打击乐演奏过程中，看指挥、听音响、听同伴演奏等注意力分配后的专注状态。

活动准备

1. 《土耳其进行曲》音乐的图谱。

2.《土耳其进行曲》音乐的音响资料与播放设备。

3. 准备小铃、木鱼、铃鼓若干。

4. 队形：分三组，双马蹄型。

 活动过程

1. 分组复习《土耳其进行曲》的声势表演。

注：根据幼儿的表现决定复习次数。

2. 根据要求探究配器方案。

（1）教师提问：哪种乐器为逗号小精灵伴奏更合适？（小铃）

● 教师提示：逗号小精灵的尾巴长长的，哪种乐器的声音响奏完之后跟它的尾巴一样也是延长的？

（2）教师提问：哪种乐器为波浪线小精灵伴奏更合适？（铃鼓）

● 教师提示：哪种乐器的演奏方法可以画出波浪线的样子？

（3）哪种乐器为点点小精灵伴奏更合适？（木鱼）

● 教师提示：哪种乐器的声音和点点小精灵一样发出"哒哒哒"的声音？

（4）哪种乐器为句号小精灵伴奏更合适？（小铃）

● 教师提示：哪种乐器的声音奏完之后跟句号小精灵一样也是延长的？

（5）将乐器图片分别贴到相应的位置。

3. 徒手合乐。

（1）集体徒手合乐一次。

（2）分组徒手合乐三次。

4. 分组上前拿乐器。

5. 打击乐演奏。

（1）分组演奏一遍。

（2）解决演奏过程中出现的问题。

（3）小组循环演奏。

活动四 赛 马

（杭州市西湖区紫荆幼儿园 陈 燕 执教）

音乐材料设计

【乐 谱】

赛 马

黄海怀曲

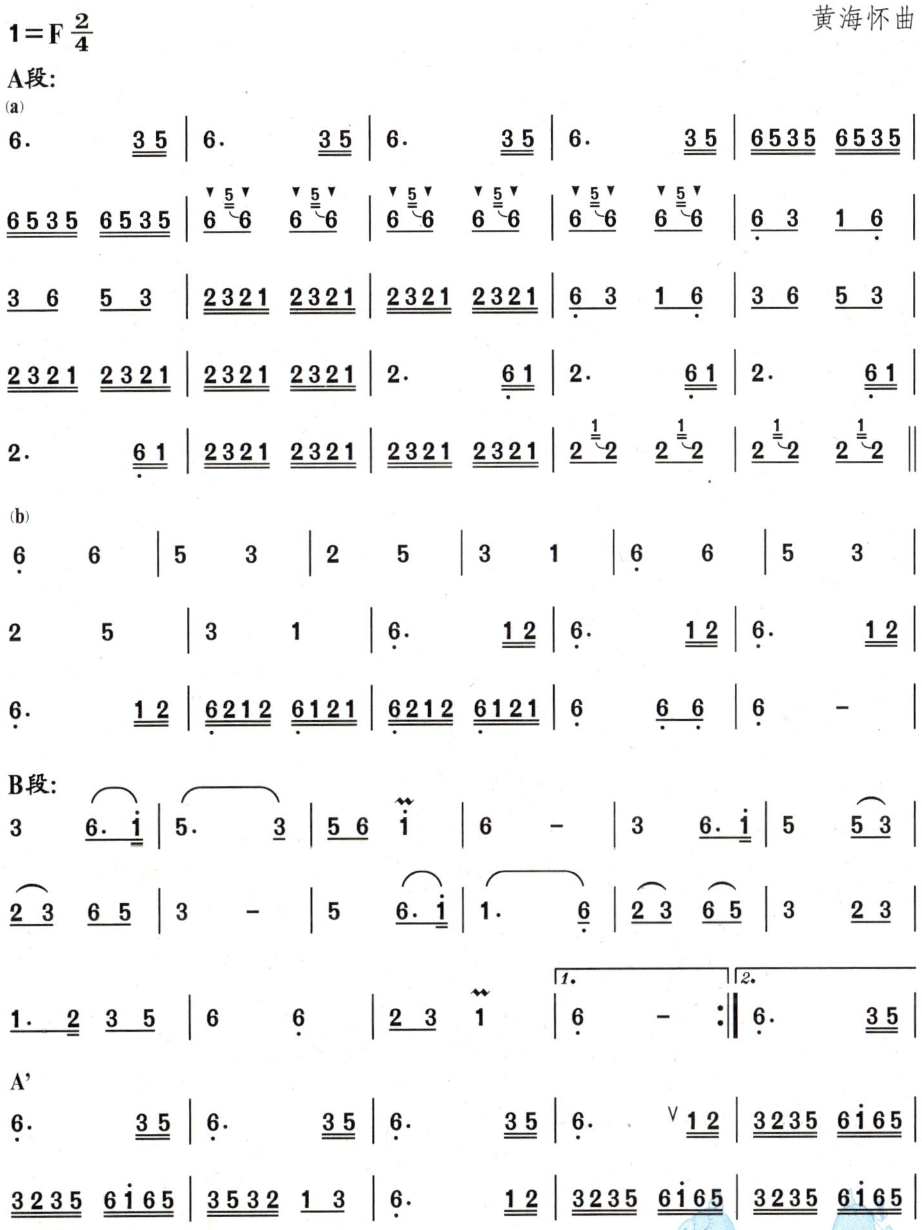

```
3 5 3 2  1 3 | 6·   3 6 | 1 6  6 3 | 1 6  6 3 | 1 6  6 3 |
1 6  6 3 | 1 6̣1 2 1̇2 | 3 2̇3 5 3̇5 | 5 3̇5 6 5̇6 | 1 6̇1 2 1̇2 |
3̲2̲1̲2̲ 3̲2̲1̲2̲ | 3̲2̲1̲2̲ 3̲2̲1̲2̲ | 3̲2̲1̲2̲ 3̲2̲1̲2̲ | 3̲2̲1̲2̲ 3̲2̲3̲5̲ | 6̇  - |
6̇  - | 6̇  - | 6̇  0 | 5̲6̇ 5̲6̇6̇ | 6̇  - ‖
```

【作品分析】

《赛马》是一个 A、B、A' 三段结构的中国乐曲,由于 A 与 A' 段的乐句结构不规整,对幼儿而言构成了难度,所以这两段乐曲由教师表演,不需要幼儿表演,幼儿只是表演 B 段。

【句段结构】

以下大写字母表示大段落,小写字母表示小段落,文字部分是身体动作表达音乐内容的概要提示。

A	B	A'
a b	a a' a"	a
引子+抽马鞭 摇晃+语言	拉弓 跳弓 拨弦	引子+抽马鞭+收马头

【图　谱】

【动作设计】

A段：

A段a：所有动作由教师完成。

1—8小节：为引子部分。教师原地摆骑马动作，身体左右轻微摇摆，一小节摇摆一次。

9—12小节：第一次抽马鞭。右手由上而下、由身前向身后猛烈地一抽。抽马鞭动作合第9小节强拍，其余时间身体左右摇摆，手的姿势保持抽好马鞭的姿势。

13—16小节：同9—12小节。

17—20小节：同9—12小节。

21—24小节：同9—12小节。

A段b：所有动作由幼儿完成。

1—8小节：为摇晃部分。双手臂交叉放在胸前，动作像小学生认真听课的动作一样；身体左右摇晃，一小节一摇晃。

9—16小节：为语言部分。双手摊开放至身前小腹位置，手心朝上；嘴里喊：

| x x | x — | x x | x — | x x x x | x x | x — ‖
| 小 朋 | 友， | 快 快 | 来， | 草 原 比 武 | 开 始 | 了。 |

B段：所有动作由幼儿完成，最后可以分为三组，一段由其中一组幼儿表演。

B段a：骑马动作。

第一句：双手握拳在胸前，一拍一次压手腕做骑马动作。

第二句：同第一句。

第三句：左手动作不变，右手食指伸出、高举，做挥鞭动作。

第四句：前半句同第三句，后半句右手自上而下，做一个抽鞭动作，抽鞭动作合第四句第三小节的强拍。

B段a'：跳舞动作。

第一句：双手臂伸直、侧高举，身体两小节摇摆一次。

第二句：同第一句。

第三句：双手手腕靠拢，手掌做花状放至下巴处，身体一小节摇摆一次。

第四句：同第三句。

B段a"：射箭动作。

第一句：前半句，双手握拳从眼前开始逐渐上下拉开，拉开动作合第1小节强拍；后半句，左手不动，右手伸开手掌左右抖动。

第二、三、四句：同第一句。

A'段a：所有动作由教师完成。

1—12小节：引子部分。原地做骑马动作，身体左右摇摆，一小节一摇摆。

13—16小节：抽马鞭动作。右手由上而下、由身前向身后猛烈地一抽。抽马鞭动作合第九小节强拍，其余时间身体左右摇摆，手的姿势保持抽好马鞭的姿势。

17—20小节：同13—16小节。

21—24小节：同13—16小节。

25—28小节：同13—16小节。

29—30小节：双手臂伸直逐渐由低向高举起，表示收马动作，嘴里同时喊"唷"的声音。

第31小节：把"唷"尾音强调一下。

【打击乐演奏建议】

A段a：所有乐器在教师抽鞭动作这一拍齐奏。

A段b：不演奏。

B段a：骑马组。

乐器选择：双响筒，串铃。

骑马动作的频次由双响筒奏出，挥鞭动作的频次由串铃奏出。

B段a'：舞蹈组。

选金属乐器：小铃、三角铁等。

按照身体摇摆频次，演奏乐器。

B段a"：射箭组。

选择铃鼓。

拉弓动作——打击铃鼓。

颤弓动作——摇铃鼓。

A'段：同A段。

第一课时 欣赏活动

活动目标

1. 通过图谱的观察与描述，理解内容情节。
2. 根据教师给出的内容情节，创编B段三种比赛的动作。
3. B段能够在教师的指导下分组进行随乐律动。
4. 能够在随乐律动中体验歌曲轻松欢快的情绪特征。

活动准备

1. 《赛马》音乐的图谱。
2. 《赛马》的音响资料与播放设备。
3. 队形：分三组，U字形队形。

活动过程

1. 整段音乐的感受与表现。

（1）教师提问：今天老师带大家来到大草原上参加各种比赛，让我们仔细听、仔细看，我们是怎么去大草原上的？参加了哪些比赛？又是怎样回家的？

（2）完整播放音乐。

（3）教师根据孩子们的回答做出最后总结：他们是从家里出发的，甩了4下马鞭，在草地上休息了一会，参加了骑马比赛、跳舞比赛、射箭比赛，然后累了在马背上休息了一会，继续甩了四下马鞭回家了。

- 追问：回家的时候怎么让马停下来？（驭~~~~加身体动作）
- 追问：那甩马鞭的时候嘴巴里会说什么？（驾~~~~加身体动作）

（4）再次播放完整音乐，在甩马鞭和"驭"的地方发出声音并做出动作。

2. B段音乐的动作表达。

（1）B段音乐的身体动作探究。

- 教师提问：骑马比赛我们可以怎么做？（必须有甩鞭和手拉缰绳的动作）

跳舞的动作可以怎么做？（选两个大家公认跳得好看的）

射箭的动作可以怎么做？（必须有用力拉弓的准备动作）

● 每一组动作探究完后，在教师的哼唱下完整练习一次。

（2）B段音乐的动作表达。

● 跟着B段音乐完整来一次。

3. 完整表现音乐。

（1）看着图谱，完整不分组地进行表演。

（2）看指挥，分组循环进行表演。（至少三次）

注：每次表演的次数根据此次幼儿的表现决定，如果表演流畅，一遍就可以；如果有问题，与幼儿一起进行讨论，根据讨论结果改进后再次表演，直到流畅为止。

第二课时　打击乐演奏活动

活动目标

1. 能看着图谱，分组合作打击乐演奏。

2. 能够根据动作或音色的特点，探究B段的配器方案。

3. 体验打击乐演奏过程中，看指挥、听音响、听同伴演奏等注意力分配后的专注状态。

活动准备

1. 《赛马》音乐的图谱。

2. 《赛马》的音响资料与播放设备。

3. 准备双响筒、串铃、三角铁、小铃、铃鼓、手铃若干。

4. 队形：分三组，双马蹄型。

活动过程

1. 分组复习上一节课的律动表演。

注：根据幼儿的表现决定复习次数。

2. 根据要求探究配器方案。

（1）教师提问：你们想想骑马的动作可以用哪个乐器？

教师提示：马蹄声是什么样的？（"哒哒哒"的声音，双响筒）

什么乐器能甩上去晃动还能发出声音？（串铃或铃鼓）

（2）教师提问：跳舞的动作是柔美的，有延长感的，哪个乐器发出的声音是有延长感的？（小铃和三角铁）

（3）教师提问：射箭的动作可以用哪些乐器？（手铃或铃鼓，前面两下是拍，后面是摇动）

（4）将每组的乐器图片分别贴到相应的位置。

3. 徒手合乐。

（1）集体徒手合乐一次。

（2）分组徒手合乐三次。

4. 分组上前拿乐器。

5. 打击乐演奏。

（1）分组演奏一遍。

（2）解决演奏过程中出现的问题。

（3）小组循环演奏。

活动五 金蛇狂舞

（杭州幼儿师范学院 任雪丹 执教）

音乐材料设计

【乐 谱】

金蛇狂舞

1=G $\frac{2}{4}$ $\frac{3}{4}$

聂 耳曲

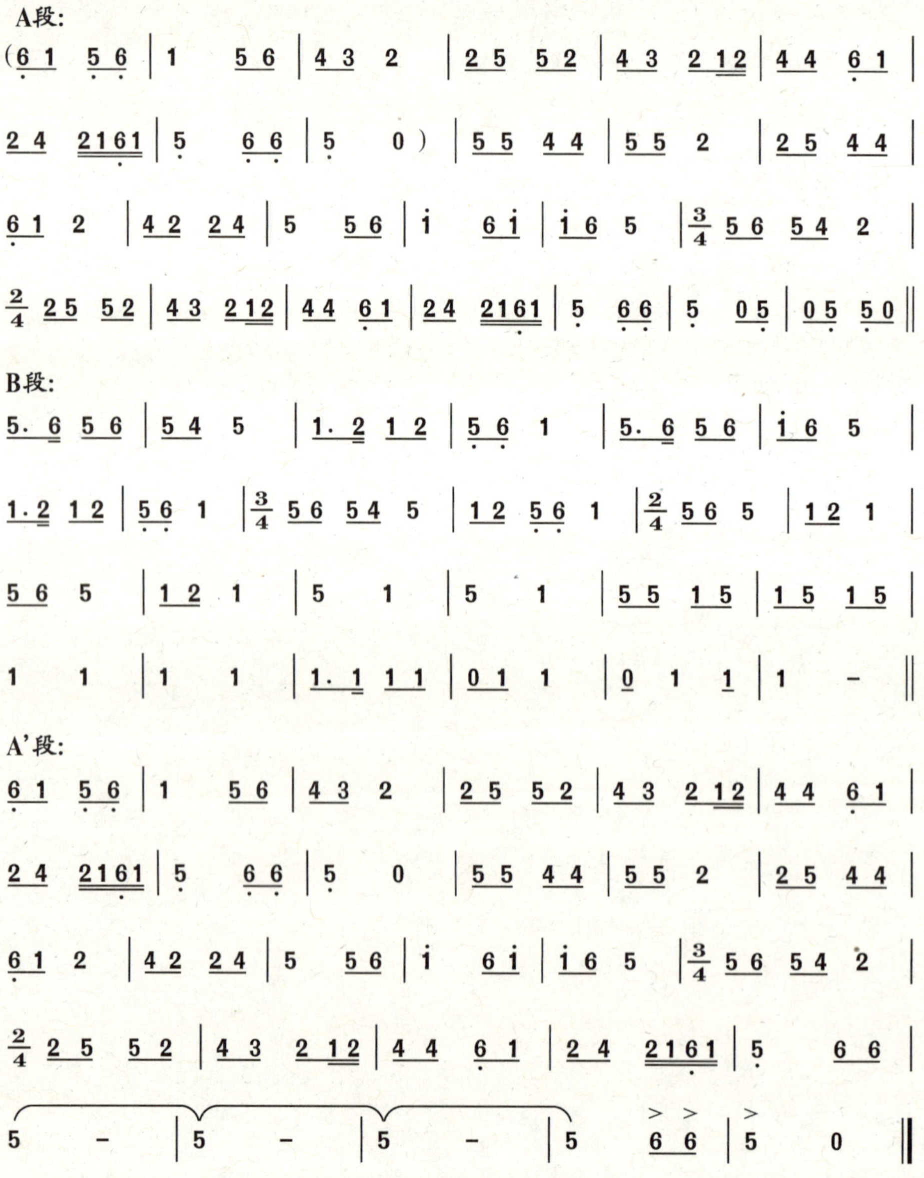

【作品分析】

《金蛇狂舞》是一个 A、B、A' 三段结构的中国乐曲，由于 A 与 A' 段的乐句结构不规整，对幼儿而言构成了难度，所以这两段乐曲由教师表演不需要幼儿表演，幼儿只要表演 B 段。

【音乐句段结构分析】

大写字母表示段落，小写字母表示句子，数字表示小节数。

```
              A                    B                        A'
引子    ┌──┴──┐    ┌──┬──┬──┬──┐        引子   ┌──┴──┐
         a     b      a   a'  b   c   e              a     b
(9)    (9)   (7)    (4) (4) (2) (6) (8)     (9)   (9)  (10)
```

【音乐内容情境】

幼儿分为两组，参加端午节的赛龙舟活动。两组幼儿分别为火龙与水龙两个龙舟队的啦啦队，两个啦啦队都有自己的口号，具体如下：

水龙水龙快快划	火龙火龙快快划
水龙水龙快快划	火龙火龙快快划
水龙快快划	火龙快快划
快快划	快快划
快快划	快快划
划	划
划	划

【图　谱】

与口号相对应（B 段音乐）如下：

【声势动作设计】

A段：（教师表演）

A段引子：

1—8小节：两手臂交叉放在胸前，身体左右一拍一次摇摆，引子表示等待。

第9小节：双手摊开放在胯前，为下面的拍手准备。

A段a：

1—6小节：一拍一次拍手。

7—8小节：只在第一拍拍手，其余三拍突然收手握拳高举。

第9小节：逐渐把高举的双拳放至胸前，准备下面的拍手。（注意：本小节为三拍）

A段b：

1—4小节：一拍一次拍手。

5—6小节：同A段a第7、8小节。

第7小节：逐渐把高兴的双拳放至胸前，准备下面的拍手。（注意：本小节为二拍）

B段：（幼儿表演）

B段a：

1—2小节：一拍一次拍手。

3—4小节：双手握拳，一拍一次拍腿。

B段a'：同B段a。

B段b：

第1小节：一拍一次拍手。（注意本小节为三拍）

第2小节：双手握拳，一拍一次拍腿。（注意本小节为三拍）

B段c：

第1小节：拍手。

第2小节：拍腿。

第3、第4小节：同第1、第2小节。

第5小节：第1拍拍手，第2拍拍腿。

第6小节：同第5小节。

B段e：

1—4小节：双手握拳放至腰间。

5—8小节：第5小节第1拍，右手伸出食指与无名指突然高举手臂，嘴里同时喊"耶"，表示胜利的欢呼。其余拍维持此动作不变。

A'段：同A段动作。

【打击乐演奏建议】

A段与A'段：幼儿不演奏或按照拍手节奏型齐奏。

B段分成两组，拍手组拿木质乐器；拍腿组拿散响乐器。演奏节奏按声势动作的节奏型进行。

第一课时 欣赏活动

 活动目标

1. 能够在乐曲B段分组合作声势动作，进行赛龙舟的比赛，感受与表现乐曲对答呼应的曲式风格。
2. 体验乐曲赛龙舟比赛欢快、热闹的场面。

 活动准备

1. 赛龙舟比赛的相关视频资料。
2. 《金蛇狂舞》音乐的图谱。
3. 《金蛇狂舞》音乐的音响资料与播放设备。
4. 队形：双八字形。

 活动过程

1. 播放端午节赛龙舟的视频资料。

● 与幼儿讨论端午节与赛龙舟的习俗。

2. 学习啦啦队的口号。

（1）出示图谱。

（2）根据图谱，学习啦啦队口号。

● 教师：今天我们也要进行赛龙舟的比赛，我们要将小朋友们分为两个队，分别是水龙队和火龙队，左边的是水龙队，右边的是火龙队。我们在划龙舟的过程中不仅要用力划，还要为自己加油喊口号：

水龙水龙划得快，火龙火龙划得快

水龙水龙划得快，火龙火龙划得快

水龙划得快，火龙划得快

划得快，划得快

划得快，划得快

快，快

快，快

在最后到达终点的时候做出胜利动作并喊"耶"。水龙拍手，火龙拍腿，不跟音乐分组边喊口号边做动作。

（3）引导幼儿按照图谱的暗示发现其中的几个规律：第一，递减的规律；第二，节奏的规律，有几只船桨表示要敲击几下；第三，轮流的规律，水龙先，火龙后，依次轮流进行。第四，重复的规律，火龙全部重复水龙的节奏。

（4）请水龙与火龙啦啦队按照规定进行啦啦队助威活动。

3.声势动作表演。

（1）在教师的指导下，幼儿在赛龙舟啦啦队的情境中合第二段音乐做声势动作。

（2）教师表演第一段与第三段动作，幼儿表演第二段声势动作，师生合作用声势动作表演整首曲子。

第二课时　打击乐演奏活动

活动目标

1.幼儿状态能够根据身体动作的暗示在 B 段乐曲为自己的龙舟队选择适合的乐器。

2. 能够在教师的指挥下用打击乐器与同伴进行轮奏。

3. 能够在比赛中体验比赛的乐趣。

活动准备

1. 赛龙舟的图谱。

2.《金蛇狂舞》的音响资料与音乐播放设备。

3. 串铃、手铃、铃鼓、响板、木鱼若干，大镲、大鼓各一件。

4. 队形：双八字形。

活动过程

1. 复习《金蛇狂舞》的声势动作表演。

注：根据幼儿的表现决定复习次数。

2. 根据身体动作探究 B 段音乐的配器方案。

（1）教师：现在我们要换一种加油方式，让乐器为我们加油助威。请水龙队为自己的小组选择一种可以用手拍的木质类乐器，请火龙队为自己选择一种可以拍在腿上的散响类乐器。（水龙：响板、木鱼；火龙：串铃手铃、铃鼓）

注：采用集体讨论的方式确定各个小组的乐器。

（2）将每组的乐器图片分别贴到相应的位置。

3. 分组上前拿乐器。

4. 打击乐演奏。

（1）两组幼儿展现他们的打击乐演奏，全体幼儿对每组的演奏进行评价与建议。

（2）全班集中演奏 B 段音乐。

（3）教师与全体幼儿合作表演整首音乐。

（4）请各组小领队上前来指挥，水龙队是大镲，火龙队是大鼓。（两遍）

注：教师退后，提示小指挥。

活动六 玛丽波尔卡

（南京市河海大学幼儿园 陆 燕 执教）

音乐材料设计

【乐 谱】

玛丽波尔卡
（胡西尔·休西波尔卡）

手风琴曲
杨铁钢曲

1=C 4/4
欢快地

(5 65 #4 5 5 65 4 5 | 5 7 2̇ 7 1̇ 1̇)

A段：
(a)
‖: 3 5 5#4 5 3 5 5 4 5 | 5 4̇ 3̇ 2̇ 5̇ 3̇ 2̇ 1̇ | 3 5 5#4 5 3 5 5 4 5
‖: × × × × | × — × — | × × × ×
   走 走 走 走 跳   跳   走 走 走 走

5 4̇ 3̇ 2̇ 1̇ 3̇ 1̇ | 3 5 5#4 5 3 5 5 4 5 | 5 4̇ 3̇ 2̇ 5̇ 3̇ 2̇ 1̇
× — × — | × × × × | × — × —
跳   跳   走 走 走 走 跳   跳

(b)
3 5 5#4 5 3 5 5 4 5 | 5 4̇ 3̇ 2̇ 1̇ 3̇ 1̇(2̇ 2̇ | 2̇ — — 2̇ 2̇ 2̇ |
× × × × | × — × — | × × × ×
走 走 走 走 跳   跳   定 住 不 动

2̇ — — 2̇ 2̇ 2̇ | 2̇ — — 2̇ 2̇ 2̇ | 2̇ — 5 0)|
× × × × | × × × × | × × × ×
定 住 不 动 定 住 不 动 定 住 不 动

(a)
3 5 5#4 5 3 5 5 4 5 | 5 4̇ 3̇ 2̇ 5̇ 3̇ 2̇ 1̇ | 3 5 5#4 5 3 5 5 4 5
× × × × | × — × — | × × × ×
走 走 走 走 跳   跳   走 走 走 走

| 5 4 3 2 1 3 1 | 3 5 5 #4 5 3 5 5 4 5 | 5 4 3 2 5 3 2 1 |
| x - x - | x x x x | x - x - |
| 跳　　跳　　　　走 走 走 走　　跳　　跳 |

| 3 5 5 #4 5 3 5 5 4 5 | 5 4 3 2 1 3 1 ‖
| x x x x | x - x - ‖
| 走 走 走 走　　跳　　跳　　Fine |

B段：

| 6. ♭7 1 - | 1 #1 2. 1 1 7 ♭7 | 5. 6 ♭7 - |
| x - - - | x x x x | x - - - |
| 从上往下摇手腕直到蹲下　　四下由小到大变成一个造型　　从上往下摇手腕 |

| 3 3 2 1 7 1 2 1 | 6. ♭7 1 - | 1 #1 2. 1 1 7 ♭7 |
| x x x x | x - - - | x x x x |
| 四下由小到大变成一个造型　　从上往下摇手腕　　四下由小到大变成一个造型 |

| 1 ♭7 6 5 1 6 5 4 | 1 2 1 7 1 2 3 4 4 4 ：‖
| x - - - | x x x x ：‖
| 从上往下摇手腕　　　　四下由小到大变成一个造型 |

【图　谱】

【口　令】

A段：走走走走，跳跳。

B段：吃一个蘑菇，慢慢长大。

【动作预设】

A段a：即"走走走走，跳跳"的部分，幼儿做走和跳的动作。

A段b：遇到乌龟的地方保持不动。

B段："吃一个蘑菇，慢慢长大"处，"吃一个蘑菇"做从上到蹲下四下摇手腕的动作，"慢慢长大"做从蹲下到伸手四下慢慢张开的动作。

A段a：同上，最后一小节"放鞭炮"处，全体幼儿拍手。

【打击乐演奏建议】

走：小铃　　　　跳：响板

吃一个蘑菇，慢慢长大：铃鼓

放鞭炮：齐奏

第一课时　欣 赏 活 动

活 动 目 标

1. 通过图谱的观察与描述，理解内容情节。

2. 根据教师给出的内容情节，创编B段动作。

3. 能够看着图谱，随乐做律动。

4. 在闯关游戏的情境中体验多次闯关所带来的乐趣。

活 动 准 备

1.《玛丽波尔卡》音乐的图谱。

2.《玛丽波尔卡》音乐的音响资料与播放设备。

3.《超级玛丽》经典游戏的视频资料。

4. 队形：分三组，双马蹄型。

活动过程

1. 观看《超级玛丽》经典游戏视频。
- 教师：今天咱们班来了一位特别厉害的小朋友他叫超级玛丽，他每天在森林中冒险，突破了重重关卡，让我们来看看他在森林中是怎样冒险闯关的吧！

2. 感受整段音乐。

（1）出示图谱，认识图谱中的闯关路线。
- 教师：老师按照游戏中的情景将超级玛丽刚刚的闯关路线画了出来，让我们一起来看看他是怎么闯关的：先是"走走走走，跳跳"。
- 在带领小朋友认识的过程中将口令带入，让小朋友熟悉节奏："走走走走，跳跳；吃一个蘑菇，慢慢长大。"

（2）认识音乐与图谱的关系。
- 教师：请小朋友先看看老师是怎样进行闯关的？
- 播放音乐，教师跟着音乐一边指着图谱，一边喊着口令完整做示范。

3. B段音乐的身体动作探究。

（1）教师提问：吃一个蘑菇，慢慢长大，在这个地方，我们应该怎样用身体有节奏地表现出来？
- 教师提示："吃"这个动作是从站立到蹲下，"慢慢长大"是从蹲下到站立，手的动作怎样做能表现出吃和长大？如果有小朋友想出不同的动作，请上台来带领大家一起做一遍，最后采用讨论的方式确定最佳动作。

4. 完整表现音乐。（以游戏闯关的情景方式进行）

（1）看着图谱，完整不分组地进行表演。
- 教师：现在请所有的小朋友都化身为小玛丽一起去闯关。

注：教师根据小朋友的表现确定是播放成功的音效还是失败的音效，如果是失败的音效总结问题出在哪里。

（2）看指挥，分组循环进行表演。（至少三次）

注：每次表演的次数根据此次幼儿的表现决定，如果表演流畅，一遍就可以；如果有问题，与幼儿一起进行讨论，根据讨论结果改进后再次表演，直到流畅为止。

第二课时　打击乐演奏活动

活 动 目 标

1. 根据要求，探索整首乐曲的配器方案。

2. 根据身体动作的暗示，探索用铃鼓的不同方法演奏 B 段；在游戏情节进展线索的提示下累加大鼓并进行合乐演奏。

3. 在熟悉乐曲结构并会随乐律动游戏的基础上，能看着图谱，分组合作打击乐演奏。

4. 在闯关游戏的情境中体验多次闯关和升级所带来的挑战乐趣。

活 动 准 备

1.《玛丽波尔卡》音乐的图谱。

2.《玛丽波尔卡》音乐的音响资料与播放设备。

3. 铃鼓、响板、碰铃各若干，大鼓一个。

4. 队形：分三组，双马蹄型。

活 动 过 程

1. 复习《玛丽波尔卡》的律动游戏。

注：根据幼儿的表现决定复习次数。

2. 探究整段音乐的配器方案。

（1）教师：今天我们的游戏闯关要升级，每个小玛丽要为自己选一个乐器武器，然后带上乐器武器去闯关。首先"吃一个蘑菇，慢慢长大"的动作可以用哪个乐器表现出来？（铃鼓，第一种方法，从站立到蹲下拍四下，从下到上，手慢慢打开，摇四下铃鼓）

（2）探索（铃鼓）不同使用方法匹配 B 段。（第二种方法，从站立到蹲下摇四下铃鼓，从下到上，拍四下铃鼓，拍的地方可以带入情景，让小朋友展开想象，不仅可以用手拍，还可以用头、屁股、背等拍）

（3）教师："走"和"跳"可以用什么乐器？（响板和碰铃两种乐器都可以，提示幼儿只要在拍点上就可以）

（4）将乐器图片分别贴到相应的位置。

3. 徒手合乐。

（1）集体徒手合乐一次。

（2）分组徒手合乐三次。

4. 分组上前拿乐器。

5. 打击乐演奏。

（1）看指挥完整随乐演奏（A、B、A），初步感受用"乐器武器"进行闯关的乐趣。（第一关）

（2）在游戏情节进展线索的提示下，累加大鼓进行合乐演奏。（第二关）

① 根据故事情节发展探索在毒蘑菇处累加大鼓，成功或失败根据幼儿演奏情况而定。

② 如果听到的是失败的音乐，师幼共同讨论失败的原因，再次进行闯关演奏。

（3）交换"乐器武器"，体验用不同的武器进行闯关的乐趣。（第三关）

（4）部分幼儿律动游戏，部分幼儿乐器伴奏，完整随乐闯关表演。（终极挑战）

活动七 大公鸡与毛毛虫[1]

音乐材料设计

【乐 谱】

大公鸡与毛毛虫
(匈牙利舞曲第五号)

[德]勃拉姆斯

$1=A\ \frac{2}{4}$

A段：

3. 6 | 1. 6 | #5. 67 | 6 - | 4. 56 | 3. 1 |

2117 7.3 | 6 - | 3. 61 | 3. 1 | 7. 12 | 1 - |

4565 3453 | 2342 1231 | 2117 7.3 | 6 - ‖

B段：

3 3 | 04 3 22 | #12 32#13 2 | 2 2 | 03 2 |

1 1 71 | 2172 1 | 7 7 | 2 1 7 | 6 6 #56 |

76#57 6 | 3 03 | #4 5 | 6 6 #56 | 76#57 6 ‖

C段：

‖: 15 55 | 54 34 | 5 5 | 15 55 | 54 32 | 1 1 :‖

D段：

‖: 3 4 | 3 2 | 33 44 | 5 i 5 | 3 4 |

5 5 | 54 32 | 1 i 1 :‖ i̇ > | 5 | i̇ > 0 ‖

【故 事】

　　一群毛毛虫头戴着魔法草帽来到草地上玩耍，碰到一群饥饿的

---

① 对原教案做了较大的改动。许卓娅．幼儿艺术（音乐）教育与活动指导．南京：江苏教育出版社，2013:155．

大公鸡。毛毛虫念起了咒语,将草帽变成了坚固的大城堡。大公鸡拼命用自己的嘴啄这些城堡,想要啄坏城堡吃掉毛毛虫。可是城堡实在太坚固了,最后大公鸡的嘴巴都啄扁了,也没有吃到毛毛虫。

【在幼儿合拍困难时可用的念白】

A段:

我是一条小青虫,头戴一顶小草帽。

B段:

我是一只大公鸡,起得早没吃饱。

C段:

草帽草帽,快变大城堡。

D段:

啄呀啄呀啄也啄不动啊。

啄扁了。

【打击乐演奏建议】

毛毛虫:铃鼓。

大公鸡:金属类乐器。

第一课时 欣 赏

1. 根据故事内容,用身体动作表现毛毛虫与大公鸡两种角色的不同状态。
2. 能合拍合句地用身体动作扮演两种角色。

1. 四张图片:毛毛虫、大公鸡、城堡、鸡啄。
2. 多媒体播放设备。

活动过程

1. 教师讲毛毛虫与大公鸡的故事，幼儿讨论故事内容。

（1）教师讲故事。

（2）幼儿回答故事内容：故事里有谁？毛毛虫做了什么事？大公鸡想干什么？最后怎么样了？

2. 请幼儿用身体动作把毛毛虫与大公鸡的故事表现出来。

（1）教师讲故事，全体幼儿用身体动作表现故事。

（2）分享几位特别有表现力的幼儿的表演。

（3）全体幼儿再次不分角色表演。

（4）分角色表演。

3. 加入音乐，请幼儿合乐进行身体动作表演。

（1）放音乐，教师提问：这个音乐讲的就是这个故事，我们怎样在音乐中表现这个故事？

（2）全体幼儿尝试跟着音乐进行表演。

（3）教师出示四张图片，请幼儿跟着音乐把四张图片的情节表现出来。

（4）教师与幼儿确定音乐与四张图片情节的关系。（分辨出四小段音乐）

（5）跟着情节不分角色合乐表现故事。

（6）讨论合乐表演时出现的问题与解决的办法。

（7）根据改进建议再次跟着情节不分角色合乐表演。

（8）分角色合乐表演。

（9）评价每个角色表演的状态。

（10）换角色集体合乐表演。

第二课时　打击乐演奏

活动目标

1. 为毛毛虫与大公鸡两角色配上合适的乐器与演奏方式。

2. 用打击乐演奏的方式合乐表现毛毛虫与大公鸡两种角色。

3.感受合作演奏表现的乐趣。

 活 动 准 备

1.各类打击乐器若干。

2.四张图片:毛毛虫、大公鸡、城堡、鸡啄。

3.多媒体播放设备。

 活 动 过 程

1.用身体动作合乐表现毛毛虫与大公鸡的角色。

（1）集体用身体动作不分角色合乐表演。

（2）进行分角色合乐表演，并体会、观察自己与对方的表演状态。

（3）评价两种角色表演的情况。

（4）根据评价改进建议，再次分角色合乐表演。

2.出示表示情节变化的四张图片，请幼儿为每一情节配器。

（1）毛毛虫出来的时候用什么乐器比较合适？怎么演奏？

（2）公鸡出来时候用什么乐器比较合适？怎么演奏？

（3）草帽变城堡的时候用什么乐器比较合适？怎么演奏？

（4）公鸡啄城堡时用什么乐器比较合适？怎么演奏？

（5）讨论乐器的分组方法，分奏与齐奏的方式。

3.确认演奏方案，合作演奏。

（1）按照大家讨论的演奏方案，拿乐器演奏。

（2）对演奏方案进行必要的修改。

（3）再次集体合作演奏。

（4）讨论演奏过程中的困难及其解决办法。

（5）根据改进建议再次演奏。

活动八 嘻哈农场

(南京师范大学附属幼儿园 陈 雪 执教)

音乐材料设计

【故　事】
　　寒冷的冬天，奶牛在农场的草地上吃草，吃呀吃呀吃呀吃；农场主拿着奶桶走来了，走呀走呀走呀走。这时，风吹来了。奶牛们无助地望着天空喊：天呐，好冷啊！奶牛大胆地向农场主提出一个要求：毛毯毛毯毛毯毛毯；农场主则提出另外的要求：牛奶牛奶牛奶牛奶。奶牛都说：不给不给不给不给。

【动作建议】

奶牛动作

吃草动作：双手放在嘴边由上往下拉，一拍一次，当作吃草。

"天呐，好冷啊"动作：双手先伸直高举，再交叉放在双肩，整句动作双手手掌始终左右晃动。

农场主动作

走路动作：双手放腿上一拍一下，当作走路。

【乐器选择建议】

奶牛：铃鼓。

农场主：木制类、自制奶粉罐等。

第一课时 欣　赏

活动目标

1. 用合乐的动作表现奶牛与农场主的角色。
2. 合作完成双角色的表演。

活动准备

1. 自制纸糊筛子一个。
2. 多媒体播放设备。

活动过程

1. 教师讲奶牛与农场主的故事，幼儿学对话。

（1）教师讲故事，请幼儿了解故事内容。

（2）幼儿回答故事内容。

（3）幼儿学习奶牛与农场主的对话台词。

2. 为奶牛与农场主两个角色配上动作。

（1）奶牛吃草用什么动作？

（2）奶牛喊"天呐，太冷了"用什么动作？

（3）农场主走路用什么动作？

3. 集体合乐表演奶牛的动作。

4. 用甩筛子的游戏方法，累加扮演农场主角色的幼儿。

（1）第一次甩筛子，确认扮演农场主的幼儿人数。

（2）分双角色表演。

（3）第二次甩筛子，确认增加的扮演农场主的幼儿人数。

（4）再次双角色表演。

（5）第三次甩筛子，再次增加农场主的扮演者。

（6）人数基本相同的情况下，双角色表演。

第二课时　打击乐演奏

活动目标

1. 奶牛与农场主两个角色分别配上合适的演奏乐器与演奏方式。
2. 合乐、合作完成奶牛与农场主双角色的打击乐演奏。

活 动 准 备

1. 自制纸糊筛子一个。
2. 各类乐器与自制乐器若干。
3. 多媒体播放设备。

活 动 过 程

1. 以甩筛子方式，确认农场主角色，双角色身体动作表演。

（1）第一次甩筛子，然后表演。

（2）第二次甩筛子，然后表演。

（3）第三次甩筛子，然后表演。

2. 为两种角色选择乐器与演奏。

（1）教师与幼儿讨论：奶牛的角色用什么乐器合适？应该如何演奏？农场主的角色用什么乐器合适？应该如何演奏？

（2）确认一种最合理的演奏方案。

3. 集体演奏奶牛角色。

（1）请幼儿集体扮演奶牛，演奏表现奶牛角色。

（2）讨论演奏过程中的问题并提出解决办法。

（3）根据改进建议再次演奏。

4. 用甩筛子方法，确认农场主角色人数并合作演奏。

（1）第一次甩筛子，并合作演奏。

（2）第二次甩筛子，并合作演奏。

（3）第三次甩筛子，并合作演奏。

活动九 老鼠娶亲

(南京师范大学附属幼儿园 罗 敏 执教)

【乐 谱】

老鼠娶亲
(瑞典狂想曲)

[瑞典] 雨果·阿尔芬曲

$1=A \frac{2}{4}$

A段：

1 35 1327 | 1 7 4 | 6 5 7 | 6 5 1 | 1 35 1327 |

B段：

1 7 4 | 6 5 4 7 | 1 — ‖ 1 1 1 1 | 7 — |

6 6 6 6 | 5 — | 5 72 6 5 | 7 2 7 2 | 5 72 6 5 |

1 3 1 3 | 1 1 1 1 | 7 — | 6 6 6 6 | 5 — |

W
5 72 6 5 | 7 2 7 2 | 5 72 6 5 | 1 — ‖ 5671 2712 |

3123 4234 | 5345 6456 | 7567 1234 | 5675 1 ‖

【故 事】

  老鼠要结婚了，可是新娘是谁还不知道。他看啊看，找啊找，不知哪个是新娘。他请求所有遇见的小动物，伸出你的爪子让我瞧一瞧。一看吓一跳，哎呀我的妈呀全是毛。他再请求：伸出你的尾巴让我瞧一瞧，一看还是吓一跳，哎呀我的妈呀全是毛。他绝望地再请求：让我看看你是谁？不要吓我不要吓我不要吓我不要吓我，啊！

【念 白】

  伸出你的爪子让我瞧一瞧，哎呀我的妈呀全是毛;

伸出你的尾巴让我瞧一瞧，哎呀我的妈呀全是毛。

让我看看你是谁？

不要吓我不要吓我不要吓我不要吓我，

啊！

【动作建议】

第一段：

所有小节：走路。

第二段：

1—2小节：伸出双手在身前当作爪子，左右颤动。

3—4小节：双臂弯曲抱胸，做害怕的样子。

5—6小节：伸出双手在身后当作尾巴，左右颤动。

7—8小节：同3—4小节。

9—12小节：做看的动作。

13—16小节：做害怕动作。

第17小节：做大吃一惊、快晕倒的动作。

【乐器选择建议】

第一段老鼠走路：木质类与鼓类乐器。

第二段让新娘伸爪子与尾巴两句：铃鼓。

第二段"让我看看你是谁"一句：敲击类乐器。

第二段"不要吓我不要吓我不要吓我不要吓我"一句：铃鼓。

最后"啊"：敲击类乐器。

第一课时 欣　　赏

活 动 目 标

1. 在故事与念白帮助下，能用身体动作表现出老鼠这一角色的情绪状态。

2. 用身体动作合乐地表现老鼠这一角色。

活动准备

1. 猫、狼、鼠毛绒玩具，纱巾，筐子，等等。
2. 关于新娘盖红盖头、乐队吹吹打打等民间婚俗的一段视频。
3. 多媒体播放设备。

活动过程

1. 放视频，讨论民间婚俗。

（1）这是在干什么？（结婚）你们怎么知道的？

（2）以前我们中国人结婚原来是这样子的。结婚的时候，新娘是什么样子的？新郎是什么样子的？还要有乐队是不是？

（3）总结视频上呈现的新娘、新郎与乐队的情况。

2. 呈现盖着红盖头的三个新娘，讲"老鼠结婚"的故事。

（1）教师讲故事。

（2）掀开一个红盖头，啊！是猫新娘。

（3）教师第二次讲故事，请幼儿帮自己说念白之处，鼓励幼儿进入老鼠这个角色，进行表演。

（4）掀开第二个红盖头，啊！是狼新娘。

3. 用身体动作表现老鼠这一角色。

（1）教师鼓励幼儿边说念白边用身体动作表现老鼠这个角色。

（2）让表现力特别好的幼儿分享他们的表演。

（3）集体再次表演。

4. 加音乐合拍地表现老鼠这个角色。

（1）教师示范合乐表现老鼠的角色。

（2）全体幼儿进入合乐表现老鼠的角色。

（3）讨论合乐表现老鼠时要注意的事项以及困难的解决办法。

（4）根据改进建议，合乐表现老鼠这个角色。

第二课时 打击乐演奏

活动目标

1. 为老鼠这一角色选择合适的乐器与演奏方式。
2. 全班合作完成对老鼠这一角色的打击乐表现方式。

活动准备

1. 猫、狼、鼠毛绒玩具，纱巾，筐子，等等。
2. 各类打击乐器若干。
3. 多媒体播放设备。

活动过程

1. 用身体动作合乐表现老鼠的角色。
   （1）教师提醒：演好这一角色的要点。
   （2）全体表演。
2. 由身体动作表演到乐器表演的迁移：讨论解决乐器选择与演奏方式。
   （1）老鼠走路用什么乐器表现最好？应该怎么演奏？
   （2）老鼠让新娘伸爪子与伸尾巴的地方用什么乐器表现最好？应该怎么演奏？
   （3）"让我看看你是谁"这一句用什么乐器合适？应该怎么演奏？
   （4）"不要吓我不要吓我不要吓我不要吓我"这一句用什么乐器合适？应该怎么演奏？
   （5）"啊"的时候应该怎么演奏？
   （6）这些乐器如何分组？大家如何配合？哪里是分组演奏？哪里是大家一齐演奏？
3. 根据大家制订的演奏方案演奏。
   （1）确定演奏每组乐器的人数，拿乐器。

2. 在教师的指挥下，全体合作演奏，表现出老鼠这一角色。

3. 讨论在演奏过程中存在什么困难？（演奏技术上的困难、合拍上的困难、角色表现上的困难、合作上的困难）

4. 根据改进建议，合作演奏。

CD 目 录

1. 大雨小雨　　　　　　0'16"
2. 这是小兵　　　　　　0'31"
3. 葡萄乐进行曲　　　　2'10"
4. 孤独的牧羊人　　　　0'36"
5. 春　　　　　　　　　3'36"
6. 孙悟空救人　　　　　1'13"
7. 洗衣服　　　　　　　1'22"
8. 大马告诉我　　　　　0'28"
9. 加油干　　　　　　　0'27"
10. 大花猫和小老鼠　　　0'34'
11. 荷包蛋　　　　　　　0'55"
12. 五月五　　　　　　　4'22"
13. 胡桃夹子进行曲　　　1'22"
14. 丰收的喜悦　　　　　1'25"
15. 钟表魔法城　　　　　1'07"
16. 小象与蚊子　　　　　1'21"
17. 土耳其进行曲　　　　1'21"
18. 赛　马　　　　　　　1'37"
19. 金蛇狂舞　　　　　　1'13"
20. 玛丽波尔卡　　　　　1'19"
21. 大公鸡与毛毛虫　　　1'42"
22. 嘻哈农场　　　　　　1'49"
23. 老鼠娶亲　　　　　　1'03"